中青年经济学家文库

我国上市公司股票投资行为研究

——基于综合收益的分析视角

王 琨 著

经济科学出版社

图书在版编目（CIP）数据

我国上市公司股票投资行为研究：基于综合收益的分析视角/王琨著．—北京：经济科学出版社，2013．8

（中青年经济学家文库）

ISBN 978－7－5141－3587－9

Ⅰ．①我… Ⅱ．①王… Ⅲ．①上市公司－股票投资－投资行为－研究－中国 Ⅳ．①F279．246 ②F832．51

中国版本图书馆 CIP 数据核字（2013）第 154226 号

责任编辑：周秀霞

责任校对：徐领弟 靳玉环

版式设计：代小卫

责任印制：李 鹏

我国上市公司股票投资行为研究

——基于综合收益的分析视角

王 琨 著

经济科学出版社出版、发行 新华书店经销

社址：北京市海淀区阜成路甲 28 号 邮编：100142

总编部电话：010－88191217 发行部电话：010－88191522

网址：www.esp.com.cn

电子邮件：esp@esp.com.cn

天猫网店：经济科学出版社旗舰店

网址：http：//jjkxcbs.tmall.com

北京季蜂印刷有限公司印装

880×1230 32 开 6.75 印张 190000 字

2013 年 8 月第 1 版 2013 年 8 月第 1 次印刷

ISBN 978－7－5141－3587－9 定价：20.00 元

（图书出现印装问题，本社负责调换。电话：010－88191502）

摘　　要

2007年1月1日起，在所有上市公司中实施的新会计准则体系凸显了综合收益（又称全面收益）的理念，充分运用了公允价值计量属性。其中，对外投资业务的规定发生了较大的变化：一是计量属性，部分投资业务采用公允价值计量；二是投资业务分类，改为按照国际上通行的标准进行分类。股权投资在新准则中可以划分为长期股权投资、交易性金融资产或可供出售金融资产，后二者采用公允价值计量属性，不仅账面价值将随市场价值而波动，价值波动还直接体现为净利润或资本公积的变动，按照综合收益的定义，这种价值变动产生的损益分属于综合收益的不同组成部分。此外，新准则中要求增加所有者权益变动表的编制，以反映综合收益的情况；2009年财政部在相关通知中，对综合收益概念及披露的要求都进一步明确，综合收益的引入在逐步深入。

与此同时，我国资本市场也面临着重大改革。2005年9月全面启动了股权分置改革。股权分置改革完成后，原非流通股份在经过限售期后即可上市流通，按照市场价格进行交易。2006年我国股票市场的融资功能得到恢复，新股发行和再融资都重新启动。

股票市场的制度性变革赋予了上市公司股票投资自由流通的权利，融资功能的恢复增加了股票的供给，而会计计量属性的改变进一步加剧了上市公司股票投资的风险。新准则实施后，我国的股票市场经历了2007年大牛市、2008年大熊市和2009年以后逐步恢复的阶段，在此期间上市公司股票投资的双刃剑作用也得以凸显。

基于以上背景，结合综合收益理念，本书系统研究了我国上市公司的股票投资行为。目的是较全面评价上市公司的股票投资行为，并且对综合收益在我国的引入及其效果进行客观评价，以便进一步探讨如何加强对股票投资行为的规范和监管，在会计制度设计和其他资本市场监管制度设计方面如何全面引入综合收益的理念。因此具有一定的理论和实践意义。

研究中主要以2007～2009年年末持有股票投资的上市公司为研究对象，着重考察了2007年以后上市公司股票投资的影响因素及其经济后果。具体从以下四个方面展开：一是我国上市公司交叉持股的历史发展情况。以2007年新会计准则实施为分界点，统计并分析了前后各三年上市公司交叉持股中持股类型及数量的变化情况。二是影响上市公司股票投资行为的因素。考察了外部因素，如股票市场行情和内部因素的影响。将内部因素又具体化为公司基本情况、财务状况、公司治理情况三个方面。三是股票投资的价值相关性。分三个层次对综合收益各组成部分价值相关性做了比较分析：计入利润的价值变动与计入其他综合收益的价值变动的比较；同属于未实现损益，计入资本公积的部分与计入净利润的部分的比较；会计盈余中的已实现损益与未实现损益的比较。四是股票投资的盈余管理动机。重点关注的是盈余管理的债务契约动机、扭亏动机和平滑利润动机。分别考察计入利润的股票投资损益、已实现的股票投资损益、计入其他综合收益的股票投资损益与三种盈余管理动机的关系。

研究得出的结论主要有：

(1) 2007年之前，上市公司的交叉持股以战略型交叉持股为主，进行股票投资的上市公司占交叉持股公司数不足1/3，而且比较稳定。2007年以后，上市公司的交叉持股转为以财务型交叉持股为主，自2007年下半年开始，持有股票投资的公司数量急剧增多，约占交叉持股公司数的95%。这表明，2007年以后，股票投资成为上市公司较常见的现象。上市公司的交叉持股行为受会计准则的规范、资本市场的兴衰、国家相关制度的规定等多方面因素的影响。在现有的制度背景下，上市公司股票投资将长期存在。

(2) 影响上市公司股票投资行为的因素较多。外部因素中，股票市场行情起重要作用。从公司基本情况、财务状况、公司治理情况三个方面来考察内部因素，资产负债率、流动比率、公司规模这三个因素均影响股票投资行为，它们对上市公司股票投资的绝对值和相对值的变化都有着稳定的影响。其他指标与股票投资的关系或不稳定或不显著。总体上，公司治理情况并不是影响股票投资的因素。

(3) 股票投资产生的综合收益具有价值相关性，分解来看，各个组成项目都具有价值相关性，综合收益总括指标对股票价值的解释力度小于其各个组成项目的解释力度；每股主营业务利润、每股股票投资利润、每股计入资本公积的股票投资价值变动对股价的影响依次减弱；计入会计盈余的未实现损益对股票价格的解释力度大于计入净资产的未实现损益；在会计盈余中，已实现股票投资损益（投资收益）对股价的解释力度小于未实现投资损益（公允价值变动损益）。这表明，投资者对会计盈余指标的重视程度大于净资产指标，即便是2009年财政部加强了综合收益信息披露要求，这种状况仍未改变；公允价值计量的信息具有更强的价值相关性，但这种相关性容易受到资本市场环境的影响。

(4) 上市公司的股票投资与管理层盈余管理动机之间存在一定关系。从计入利润的股票投资损益、已实现的股票投资损益、计入其他综合收益的股票投资损益与盈余管理的债务契约动机、扭亏动机和平滑利润动机的关系来看，上市公司具有稳定且显著的利用股票投资利润实现扭亏为盈的盈余管理动机，而债务契约动机和平滑利润动机则不稳定；在股票市场低迷时，股票投资已实现损益对公司盈余管理影响更大；无论市场环境如何，计入其他综合收益的股票投资损益与上市公司盈余管理动机之间并没有稳定、显著的相关关系。所以，现行会计准则对上市公司股票投资损益的不同处理，为持股公司进行盈余管理创造了空间。

鉴于进入全流通时代后，股票投资将是上市公司一种常见的投资工具，为了引导其向健康、理性的方向发展，提出以下政策建议:

(1) 在上市公司交叉持股监管方面，首先应促使上市公司加强信息披露，细化披露内容，建立上市公司交叉持股的实时信息披露系统，增加披露股票投资决策机制和风险控制机制；其次应引导上市公司树立正确的理财观念和投资观念，对股票市场的投资者进行必要的风险指引和风险提示。

(2) 在会计准则的修订完善方面，应全面引入综合收益概念，并树立其重要的引导地位。一是要增加“综合收益”会计要素，在准则中明确综合收益、利润和其他综合收益之间的关系；二是修订现行准则，对未实现利得或损失的列报予以统一；三是推广使用综合收益指标，改变目前资本市场中的法律、法规过于倚重净利润指标的状况，应以综合收益作为业绩衡量指标；四是充分报告综合收益，编制综合收益表。

本书的创新之处体现在:

(1) 研究对象上，以我国上市公司股票投资行为为研究对象，对其进行了系统研究。在上市公司的金融资产中，虽然股票投资与债券投资、衍生金融工具投资等在计量属性、会计核算分类等方面相同，但其投资标的具有显著的特殊性，对整个股票市场的影响更为直接，对上市公司的市场表现、盈利能力的影响也不同。从交叉持股的角度看，财务型交叉持股与战略型交叉持股在持股目的、持股后果等方面都有本质的区别。目前的研究文献多是以全部金融资产作为研究对象，而本书则针对股票投资做了专门研究。

(2) 研究视角上，选择从综合收益的视角对股票投资的经济后果进行分析，基于股票投资损益能够较全面地体现综合收益的理念，对股票投资产生的综合收益层层分解，对其不同组成部分的经济后果进行了比较研究。

(3) 研究期限上，主要选择2007～2009年为研究区间，这三年的制度变革和市场变化非常具有代表性，研究结果将较全面。已有的金融资产研究多是以一年或特定时期为研究期限，并且更多关注其负面效应。而本书的研究延长了研究期，一方面能对前人关于金融资产的研究结论做适当补充，另一方面对我国综合收益理念的引入及实施效果进行了动态的研究和评价。

Abstract

The current system of accounting standards adopted by all listed companies since January 1st, 2007 highlights the comprehensive income concept and makes full use of fair value measurement attributes. Greater changes are witnessed in the provisions pertaining to investment business. On the one hand, fair value measurement is applied to some investment business; and on the other hand, the investment business is classified in accordance with internationally accepted standards. Equity investment can be divided by the current standards into long-term equity investments, trading financial assets or available-for-sale financial assets, with the latter two types of assets adopting the fair value measurement attribute, which not only means that the book value will fluctuate with the market value, but means that the value fluctuations are directly embodied in the changes of net profits or capital. According to the definition of comprehensive income, profits or losses generated by such changes in value belong to the different components of comprehensive income. In addition, the current standards require that the Statement of Change in Equity be prepared in order to reflect the comprehensive income. In 2009, the Ministry of Finance further clarified the concept of comprehensive income and its disclosure requirements in the relevant notices, ushering in a gradual introduction of comprehensive income.

In the meantime, China's capital market is also facing major reforms. The equity division reform came into full force in September,

2005. After the equity division reform, the original non-tradable shares could be traded after limited sales period, in accordance with the market price of the transaction. China's stock market restored its function of financing and restarted Initial Public Offerings and refinancing in 2006.

The institutional changes in the stock market give the free flow right to the listed companies for their stock investment, recovery of financing function increases supply of shares, and the changes in accounting measurement attributes further increases the risk of listed companies' stock investments. After the implementation of the current standards, China's stock market experienced the "bull market" in 2007, the "bear market" in 2008, and the gradual rehabilitation in 2009, during which the double-edge effects of the stock investment by listed companies were also highlighted.

Based on the above background and combined with the concept of comprehensive income, a systematic study on the stock investment behavior of listed companies in China was carried out. The purpose is to present a relatively comprehensive assessment of the stock investment behaviors of listed companies and the introduction of comprehensive income in China and its effects, so as to further explore how to strengthen the regulation and supervision of stock investment behavior and fully introduce the concept of comprehensive income in designing the accounting standards or other supervision systems for capital market. Therefore, this study has certain theoretical and practical implications.

Study is carried out on listed companies holding equity investments during 2007 through the end of 2009, with a particular emphasis on the impact factors and economic consequences of the stock investments by listed companies in and after 2007. Study is carried out in four respects: the first is analyses of the historical development of cross holdings in Chinese listed companies. It gives statistics and analysis of the cross holdings in listed companies of the three years before and after the dividing point which is the implementation of the current accounting standards in 2007. The second is factors that affect the stock investment of listed companies. This paper investigates the influence of the external factors, such as the stock market, and the internal factors. The internal factors are specified into three aspects which are basic information of company, financial status, and corporate governance situation. The third is value relevance of stock investment of listed companies. It compares and analyses the value relevance of each component of the comprehensive income. The last is studies of the relationship between the stock investment of listed companies and the motivation of earnings management. This part is focused on debt contract motivation, motivation of returning to profitability and motivation of earnings-smoothing.

The main conclusions of this article are:

(1) Before 2007, listed companies mainly adopted strategic cross-shareholding, and cross-shareholding companies are 3 times more than listed companies engaging in stock investment. This status quo kept relatively stable. In 2007, the cross-shareholdings of listed companies mainly became financial cross-shareholdings, and since the second half of 2007, a dramatically increased number of companies engaged in stock investment, accounting for about 95% of all cross-shareholding companies. This suggests that after 2007, stock investment became a commoner phenomenon for the listed companies. The cross-shareholding behaviors of listed companies are influenced by multiple factors such as the norms of the accounting standards, the rise and fall of the capital market, the relevant state institutional regulations, etc. In the current institutional context, the stock investment by listed companies will exit for a long time.

(2) There are many factors influencing the stock investment be-

havior of listed companies. As one of the external factors, the stock market plays an important role. Internal factors are investigated from the perspectives of the company's basic situation, financial condition, and corporate governance situation. The asset-liability ratio, the current ratio, and the company scale are all the influencing factors of stock investment as they exert stable influence on the absolute and relative value of the stock investment by listed companies. Other indicators have unstable correlation or have no significant correlation with listed companies'stock investment behavior. Corporate governance situation are not influencing factors as a whole.

(3) There is a value relevance of comprehensive income generated by stock investments. From a decomposition point of view, every component item of the comprehensive income produced by stock investment has value relevance, and the summary index of comprehensive income has less strength of explanation to the stock price than its each component item. The value relevance of operating earnings per share, stock investment profit per share, and value change of stock investment that is included in the capital per share are weakened in turn.

Unrealized profits and losses included in the accounting earnings are stronger than the unrealized profit and loss in the net assets in explaining the stock price. In accounting earnings, the realized stock investment profits or losses have less strength than the unrealized investment profits or losses (the profits and losses of the fair value changes) in explaining the stock price. This shows that investors have more concern about the accounting earnings index than the net assets index, and even though the Ministry of Finance strengthened requirements of the disclosure of comprehensive income in 2009, the situation was still not changed. Information of fair value measurement has stronger value relevance, but the relevance is vulnerable to the environmental impact of the capital market.

(4) There is a certain relationship between the stock investments by listed companies and the earnings management motivation. A study is carried out on the relationship between the stock investment gains and losses included in profit, realized stock investment gains and losses, stock investment gains and losses included into other comprehensive income, and the debt covenants motivation, motivation of returning to profitability, and motivation of earnings-smoothing. The listed company has a stable and significant earnings management motivation to turn loss into gain by using stock investment profits, while the debt covenants motivation and earnings-smoothing motive are not stable. When the stock market is in the downturn, the realized stock investment gains and losses have greater impact on the corporate earnings management. Regardless of the market environment, the stock investment gains and losses included in other comprehensive income does not have stable and significant correlation with listed companies' earnings management motivation. Therefore, the different treatment of the stock investment profits or losses of listed companies in accordance with the current accounting standards makes room for shareholding companies to manage their earnings.

After Chinese capital market went into the total circulation age, stock investment will become a common investment tool of listed companies. This dissertation gives some suggestions in order to keep them in the rational and healthy direction of development:

(1) For regulation of the listed companies' cross-shareholdings, the administration should first strengthen information disclosure of listed company, refining disclosure content and establishing a real-time information disclosure system of cross-shareholdings of listed companies, increase disclosure mechanism of stock investment decision-making and the risk control mechanism. Secondly, the administration should guide the

listed company to set up correct concept of finance and investment, show risk guides and risk hints to the stock market investors.

(2) In the aspect of revising and improving the accounting standards, the comprehensive income concept should be introduced explicitly and its important guide position should be set up. First, add accounting elements of comprehensive income, taking the gains and losses as independent accounting elements, explaining the relationship of comprehensive income, profits and other comprehensive income in the criterion; Secondly, revise the current standards to unify the disclosure of unrealized profit or loss; Thirdly, promote the use of comprehensive income index, change the situation that laws and rules of the present capital market rely on the earnings index too much, take the comprehensive income as the index of company performance measurement; Fourthly, fully report comprehensive income and compile comprehensive income statement.

The creativeness of this dissertation lies in:

(1) With the listed companies' stock investment behavior as the research object, this essay conducts a systematic analysis of it. For the listed companies' financial assets, though stock investment is similar to bond investment and derivative financial instrument investment in terms of measurement attributes and accounting classification, but is also different in the obvious features of the investment target and the more direct impact on the whole stock market, as well as the different impact on the listed companies' market performance and profitability. From the angel of cross-shareholdings, financial cross-shareholdings and strategic cross-shareholdings are very different from each other both in the purpose and consequences, etc. The research literature so far treats all financial assets as the research targets and this dissertation will analyze stock investment in particular.

(2) On the analytical view, this dissertation uses the view of comprehensive income to analyze the economical consequences of the stock investment and based on the idea that stock investment profits and losses reflects the comprehensive income in a comprehensive way, disintegrates the stock investment's comprehensive income layer by layer and carries out comparative research on the different components of the economic consequences.

(3) For the research periods, mainly the years from 2007 to 2009 are selected for these years' regulation reforms and the market change are most typical, promising relative comprehensive research results. The existing financial researches usually select one year or a particular period and pay more attention on the negative effects. This dissertation prolongs the period and, on the one hand, includes others' conclusions about financial assets and on the other hand, conducts dynamic research and evaluation on the introduction and the implementation effects of the comprehensive income ideas in China.

目　录

第 1 章

导　言

1.1

研究背景与意义

1.1.1　研究背景

上市公司进行股票投资的行为在近几年变得日益普遍，更由于其给上市公司业绩带来的巨大影响，引起了学术界和实务界的关注。众多上市公司加入股票投资大军，在制度层面有两方面原因。

1. 会计制度变革

2006 年财政部发布《企业会计准则——基本准则》和 38 项具体准则，并于 2007 年 1 月 1 日起在所有上市公司中实施。新会计准则体系的创新之处，体现在，“强化了会计信息决策有用的要求”；“确立了资产负债表观的核心地位，避免企业短期行为”；“着眼向投资者提供更加价值相关的信息”（王军，2006）。

新会计准则的创新具体表现为凸显了综合收益（又称全面收益）的理念，增加所有者权益变动表的编制，将综合收益中在未来实现的部分利得或损失列入该表，同时进行利润表列报的变革。新会计准则的另一个亮点就是充分运用了公允价值计量属性，在

《企业会计准则——基本准则》中明确地将公允价值作为会计计量属性之一，并在17个具体会计准则中不同程度地运用了这一计量属性（王乐锦，2006）。会计准则的历史性变革，会在很大程度上改变财务报表数据，使公司对外报告的业绩在短期内发生较大变化，引导投资者做出决策，从而进一步对上市公司财务状况、经营成果产生更深远的影响。

新准则中变化最大的当属对外投资业务，一方面是计量属性的改变，部分投资业务采用公允价值计量；另一方面则是投资业务分类的改变，打破了按照投资期限长短划分的传统做法，改为按照国际上通行的标准进行分类。新准则体系中，规范企业投资业务的准则是《企业会计准则第2号——长期股权投资》（以下简称长期股权投资准则）、《企业会计准则第22号——金融工具确认和计量》（以下简称金融工具确认和计量准则）、《企业会计准则第23号——金融资产转移》和《企业会计准则第37号——金融工具列报》。长期股权投资准则主要规范了符合条件的权益性投资的确认、计量和相关信息的披露，规定长期股权投资采用成本法和权益法两种方法进行计量。金融工具确认和计量准则则适用于其他投资，并规定，上市公司的短期投资重分类为交易性金融资产或可供出售金融资产，以公允价值计量，其价值变动计入资产负债表、利润表及所有者权益变动表中。交易性金融资产和可供出售金融资产的划分以企业管理当局投资管理的意图和目的为依据。所以按此规定，上市公司的股票投资业务因为投资的意图和目的不同，而产生了对确认、计量和报告的不同要求。

对上市公司的少数股东来说，将股权投资放入交易性金融资产或者可供出售金融资产，不仅可以获得股权投资收益，而且二级市场的价格变动也能够直接体现在财务报表中。在2007年股市处于大牛市时，《首席财务官》杂志记者曾就上市公司交叉持股的动因进行了系列采访，许多上市公司首席执行官的回答都是“出于业绩方面的考虑”。因而很多人认为，正是交叉持股公司因公允价值运用导致的资产价值重估造成了证券市场的"非理性繁荣"（孔洁珉，2007）。

在新准则实行两年后，2009年财政部在《企业会计准则解释第3号》中规定，企业应当在利润表"每股收益"项下增列"其他综合收益"项目和"综合收益总额"项目，在附注中详细披露其他综合收益各项目相关信息；同年《关于执行会计准则的上市公司和非上市企业做好2009年年报工作的通知》中明确提出"其他综合收益"的概念，对其他综合收益在财务报表附注中披露的内容和格式做出统一规定，其中包括"可供出售金融资产产生的利得（损失）金额"的变动情况。通过这两个文件规定，综合收益的理念得到进一步凸显和明确。

2. 股票市场制度变革

出于对国有股权控股地位的保护，我国股票市场在建立之初设立了非流通股和流通股，限制国有股及大量法人股的上市流通，于是形成了同股不同权的资本结构，致使我国资本市场的制度平台没有共同的利益趋向，这种股权分置制度已成为阻碍资本市场健康发展最重要的制度缺陷之一，严重损害了资本市场持续发展的基础。

2005年9月4日，中国证券监督管理委员会（以下简称"证监会"）发布了《上市公司股权分置改革管理办法》，正式宣告全面启动股权分置改革。该办法对股权分置改革后上市公司原非流通股股份的出售，做了限售期和出售方式等方面的规定。股权分置改革完成后，原非流通股份在经过限售期后即可上市流通，按照市场价格进行交易。从此我国股票市场进入了全流通时代。

2006年开始我国股票市场的融资功能也在逐步恢复。因为股权分置改革的启动，新股发行于2005年5月25日暂停。2006年4月29日新的《上市公司证券发行管理办法》正式发布，标志着恢复新股发行和实行新老划断进入实质性操作阶段；2006年6月5日，新老划断第一股中工国际（002051）招股，这标志着我国股市进入了 IPO 发行模式下的全流通股本结构。同年 5 月 9 日第一批再融资方案出台，揭开了 A 股市场全面恢复融资功能的序幕。新老划断后，除网上公开发行的股票一上市即可交易，网下配售和原始股东所持的股票在限售流通的锁定期（1 年）结束后，直接可按市价在二级市场进行交易。

受股权分置改革和融资功能恢复的影响，我国股票市场 2006 年一路上扬，2007 年呈现大牛市行情，上证综合指数由 2007 年年初的 2585.42 点攀升到年末的 5261.56 点。但好景不长，2007 年美国次级贷款危机引发了全球金融危机，受其影响，我国沪深两市在 2008 年也一路震荡下行，由牛市迅速跌入熊市，上证综指年末跌至 1820.81 点，全年下跌 65.39%。2009 年，全球主要国家都采取了一系列刺激经济的措施，经济形势一落千丈的态势得到遏制，我国股票市场渐趋平稳，上证综指年末缓升到 3277.14 点。

2005 ~ 2006 年资本市场的繁荣、全流通时代的来临，以及新企业会计准则的实施，都催生了上市公司进行股票投资的热情。上市公司的这种交叉持股又因公允价值变动引起的资产价值重估增值产生了巨大的财富效应，从而影响了持股公司的市场表现。上市公司的交叉持股现象引起了投资者和学术界的关注。

我国股票市场进入全流通时代后，上市公司股票投资的取得与处置都解除了之前的制度“枷锁”。股票投资作为企业投资活动的一种方式，将长期存在。那么，进行股票投资活动的上市公司其自身在经营、财务和公司治理方面有什么样的特点？股票投资产生了怎样的经济后果？股票投资对作为持有者的上市公司其自身价值有什么影响？上市公司如何利用股票投资进行盈余管理？新准则初步体现综合收益理念，在准则运用过程中这种理念逐步深化和明确，上市公司的股票投资行为对会计规则的变化做出了什么样的反应？今后的会计准则将如何引导企业进行理性投资，又如何帮助投资者做出合理的分析判断？这些都成为笔者关注的问题。

1.1.2 选题意义

2006 年新的企业会计准则颁布后，国内学者对于上市公司进行证券投资或金融资产投资的研究逐渐增多。这些研究的对象基本都是包括股票投资、基金投资、债券投资、衍生金融工具等在内的大范围的金融资产，研究期限一般也较短，主要集中于 2007 年牛市时期。同时，对上市公司交叉持股的研究在国内尚属于起步阶段，国内的研究大多借鉴日本、德国等的研究范式和经验，主要集中在战略型交叉持股方面。所以专门进行上市公司股票投资的研究寥寥无几。笔者认为，首先，尽管计量属性相同，在会计核算上的分类相同，但股票投资与债券投资、衍生金融工具投资等的投资标的存在差别，这种投资方式对整个资本市场的影响也更为直接，所以对上市公司的影响会有不同。其次，在资本市场上，短期的交叉持股与战略型交叉持股在持股目的、持股后果等方面都有本质的区别。最后，综合收益概念从最初在准则中的“隐约”体现，到在运用过程中渐渐明确，上市公司已对这些变化产生了一些反应，今后应该如何更好地体现综合收益理念，还将经历一个探索研究的过程。因此，笔者从综合收益的视角研究上市公司的股票投资行为，有如下意义：

1. 可以对我国上市公司股票投资行为有更加全面的认识

上市公司的股权不再区分流通股与非流通股，资本市场同时在不断扩容，这都为上市公司之间相互持有股票创造了良好的外部条件，可以预见上市公司股票投资行为将逐渐增多。通过对这种行为的研究，我们将分析到持股的上市公司自身在经营状况和治理结构等方面的特征，这种持股行为的经济后果，包括对公司股价的影响，以及上市公司是否在利用股票投资进行盈余管理、盈余管理的动机是什么。以上市公司的股票投资作为研究对象也是本书的创新之一。

此外，已有研究主要以2007年上市公司为研究样本，进行证券投资或金融资产或交叉持股的价值相关性及盈余管理行为研究，本书选择2007～2009年为研究区间，因为这三年的制度变革和市场变化各具特色，非常具有代表性，预计研究结果将较全面。

2. 可以对我国新会计准则实施后综合收益概念引入的效果作客观的评价

根据新会计准则的规定，从综合收益的角度，股票投资产生的损益包括传统会计意义的净收益和计入资本公积的未实现损益。这两部分损益与持股公司股价的相关性是否一样？对企业的盈余管理又分别有什么影响？投资者是否能识别综合收益的不同组成部分？我国对综合收益的相关制度规定逐步明确，这些制度是否发挥了应有的作用？这些都是本书要研究的问题。选择从综合收益的视角进行分解研究，是本书的另一创新。

3. 可以为股票投资方面的政策制定和有关综合收益的准则建设提供具有参考意义的现实依据

进入全流通时代，股票投资将成为上市公司一种常见的投资工具。如何引导上市公司合理有效地使用这一工具，如何对这种投资行为进行规范，将是今后监管方政策制定的一个领域。而且，我国对综合收益的引入和使用正处在探索阶段，综合收益应处于怎样的地位，我们应该怎样引入并运用这一理念，也是今后会计准则建设领域的一个课题。本书对全流通背景下上市公司股票投资展开了一定时期的动态研究，通过探究它的影响因素，揭示这种投资行为给公司股价和盈余管理带来的经济后果，以期为以上两方面政策的制定提供现实依据。所以本书的研究具有一定的现实意义。

1.2 研究问题与范围

1.2.1 研究的问题

本书拟从综合收益的角度，对我国新准则实施后三年间（2007~2009年）的上市公司股票投资行为及其变化进行研究。对股票投资行为的研究总体可分为两个层次：一是影响因素的研究；二是经济后果的研究。在经济后果中，本书选择研究价值相关性和盈余管理动机。股票投资的价值波动性强，由于标的物具有特殊性，股票投资对于投资方公司在资本市场的表现会产生更直接、更强烈的影响；此外股票投资的流动性强，对盈余的影响也更为频繁和直接。基于上述股票投资的特点，笔者选择研究其在价值和盈余方面带来的经济后果。

具体地，将从三个方面展开：

1. 影响上市公司进行股票投资的因素

在外部环境方面，上市公司的股票投资行为与资本市场的走势有何关系？上市公司的股票投资行为，与其公司规模和所处的发展阶段有什么联系？发生股票投资行为当年的财务状况有何特点？上市公司的股权集中度和高管薪酬等公司治理因素与公司的股票投资行为有没有相关性？

2. 股票投资的价值相关性研究

由股票投资引起的净利润和资本公积的变动，其价值相关性程度是否一样？同样是持有期间的价值变动，计入资本公积的部分和计入公允价值变动损益的部分价值相关性程度有何不同？同样是计入净利润的价值变动，最终实现的投资收益和持有期间的公允价值变动损益，二者价值相关性程度是否存在区别？

3. 上市公司利用股票投资进行盈余管理的动机

具体又有：第一，上市公司利用计入利润的股票投资损益进行盈余管理的动机；第二，在股票投资行为中，上市公司进行盈余管理的主要手段；第三，计入其他综合收益的股票投资损益与盈余管理动机的关系。

同时，本书还将在时间维度上，分析上市公司股票投资行为的历史变迁过程和会计准则及综合收益的后续补充规定对以上三个方面的影响。

1.2.2 研究的范围

1. "股票投资"等有关概念的界定

（1）交叉持股。根据已有的研究文献，一般是指两个或两个以上的公司，基于特定目的的考虑，互相持有对方所发行的股份，从而形成企业法人间相互投资的现象。本书中的交叉持股，并不局限于双方相互持有对方的股票，而是参照国内外文献（如 Osano，1996；French，1991；杨萍，2007）对交叉持股的理解，定义为上市公司持有其他上市公司股份的现象。

（2）股票投资。在本书是指上市公司持有其他上市公司的股份，根据管理层持有的目的和意图，按照新会计准则作为"交易性金融资产"或"可供出售金融资产"管理的部分。

（3）股权投资。在本书中是指上市公司持有其他上市公司的股份，并按照新会计准则作为"长期股权投资"管理的部分。

（4）股票投资损益。指股票投资因其价值变动而产生的利得或损失，从综合收益的概念角度，包括两部分：计入利润的股票投资损益和计入其他综合收益的股票投资损益。

计入利润的股票投资损益是按照现行会计准则计入利润表的损益，是股票投资的处置损益和计入交易性金融资产的股票投资的公允价值变动损益之和。其中，前者是已实现损益，后者是未实现损益。

计入其他综合收益的股票投资损益是计入所有者权益变动表的损益，是作为可供出售金融资产管理的股票投资在持有期间的公允价值变动，在资产负债表中反映为“资本公积——其他资本公积”，是未实现损益。这部分投资损益在可供出售金融资产处置后再转入净利润中。

按照金融工具确认和计量准则的规定，股票投资损益各组成部分的会计核算、列报形式及性质等具体情况如表1－1所示。

表1－1　　股票投资损益的构成内容

<table>
<tr><th>类别</th><th>利得（损失）</th><th>会计核算</th><th>损益性质</th><th>报表列报</th><th>本书的定义</th></tr>
<tr><td rowspan="2">交易性金融资产</td><td>持有期间的损益</td><td>公允价值变动损益</td><td>未实现损益</td><td rowspan="3">利润表中的“营业利润”</td><td rowspan="3">计入利润的股票投资损益</td></tr>
<tr><td>出售获得的损益</td><td>投资收益</td><td rowspan="2">已实现损益</td></tr>
<tr><td rowspan="2">可供出售金融资产</td><td>出售获得的损益</td><td>投资收益</td></tr>
<tr><td>持有期间的损益</td><td>资本公积——其他资本公积</td><td>未实现损益</td><td>所有者权益变动表</td><td>计入其他综合收益的股票投资损益</td></tr>
</table>

2. 研究的时间范围

本书选择以2007～2009年作为主要的研究期间，因为这三年中我国上市公司面临的制度环境和资本市场环境各有不同，分别具有代表性。

首先，2007年是新企业会计准则实施的第一年，金融资产使用公允价值进行确认、计量，综合收益的概念初步体现在财务报告体系中；当年股市行情火爆，许多上市公司参与了股票投资活动，而且收获颇丰。

其次，2008 年我国股票市场由牛市跌入熊市，市场行情与 2007 年处于两个极端，作为一种与股票市场紧密相连的投资方式，在这样的环境中，上市公司股票投资的经济后果将出现新的特征。

最后，2009 年财政部对综合收益的披露做出进一步的明确规定，在《企业会计准则解释第 3 号》和《关于执行会计准则的上市公司和非上市企业做好 2009 年年报工作的通知》中规定，企业应当在利润表“每股收益”项下增列“其他综合收益”和“综合收益总额”，在附注中详细披露其他综合收益各项目及其所得税影响，以及原计入其他综合收益、当期转入损益的金额等信息；同年股票市场行情平稳上升，比 2008 年有所好转。在制度规定趋于明晰、股票市场趋于稳定的环境下，上市公司的股票投资及其盈余管理可能更具有一般代表性。

1.3 研究方法与研究思路

1.3.1 研究方法

本书采取了规范研究和实证研究相结合的方法。

1. 规范研究

首先，本书对综合收益理论、公允价值理论、交叉持股理论进行了阐述和分析，为实证研究打下基础。然后，对 2004 ~ 2006 年以及 2007 ~ 2009 年上市公司交叉持股的会计规定和资本市场的有关制度进行了剖析和比较。最后，以实证研究结果为基础，对交叉持股、综合收益等方面的政策建设提出建议。

2. 实证研究

首先，本书利用资本市场的数据，采用统计分析的方法，研究了上市公司股票投资的变迁过程。然后，在实证研究部分，根据所研究的问题，设计线性回归模型或采用价值相关性计量模型，对拟研究的问题进行了描述性分析和回归分析。实证研究结果一方面是理论分析的佐证，另一方面也为实现本书研究结论提供了基础。

1.3.2　研究思路与框架

如前所述，本书对上市公司股票投资行为研究是从理论分析和实证检验两个角度展开的，基本结构包括四个部分共7章：

第一部分是对研究背景、分析框架的说明（第1章）和对相关理论的分析以及文献回顾评析（第2章）。第1章主要介绍了研究背景、选题意义、研究的问题与范围、研究思路和方法等。第2章主要分析了综合收益理论、公允价值理论和交叉持股理论；同时对已有的价值相关性研究文献和盈余管理研究文献进行了阐述和回顾，以便为实证研究提供理论基础。

第二部分是对我国上市公司股票投资行为的历史变迁过程进行分析，即第3章。以2007年新会计准则实施为分界点，统计并分析了前后各三年的上市公司交叉持股及其中股票投资的发展变化情况。

第三部分是实证研究分析部分，包括第4章、第5章和第6章，研究了新会计准则实施后上市公司股票投资的内部、外部影响因素，股票投资与持股公司价值的价值相关性，以及股票投资公司的盈余管理动机。

第四部分是归纳总结部分，即第7章，对本书的主要研究结论进行了归纳汇总，同时根据研究结论提出了相关的政策建议，也就研究局限性和如何进一步研究做了相关阐述。具体来说，本书的研究框架见图 1－1。

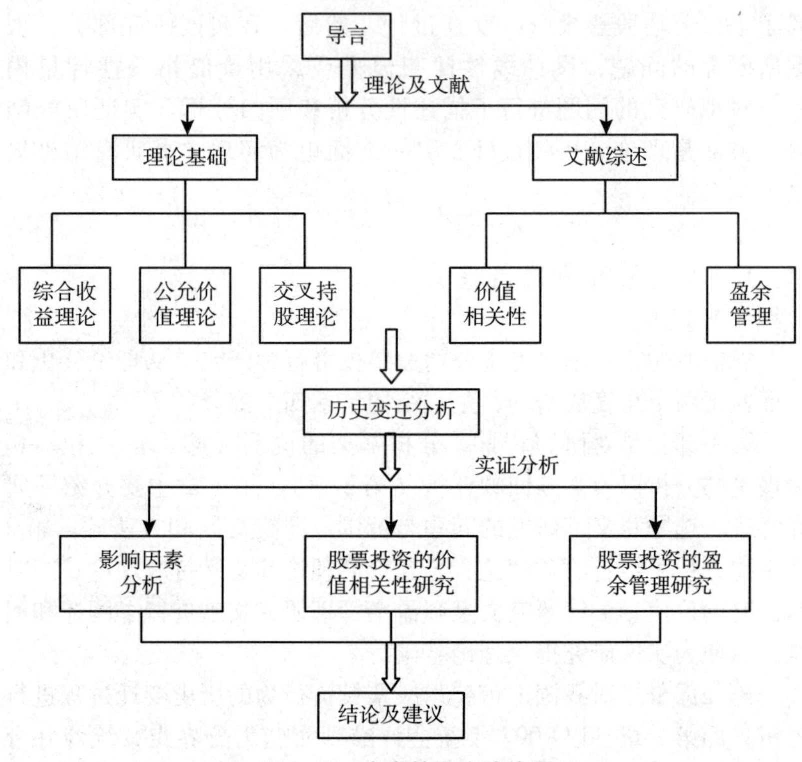

图 1－1　本书的研究路线图

第 2 章

理论基础与文献综述

2.1 理论基础

2.1.1 综合收益的基本理论分析

1. 综合收益的含义

1980 年 12 月，美国财务会计准则委员会（FASB）在财务会计概念公告第 3 号《企业财务报表要素》（SFAC No. 3）中最早对综合收益（Comprehensive Income）做出定义："一个主体在某一期间与非业主方面进行交易或发生其他事项和情况所引起的权益（净资产）变动。它包括这一期间内除去业主投资和派给业主款以外的交易、事项和情况所产生的权益的一切变动"。此后，其他国家也都对综合收益做出自己的定义，这些概念基本一致，美国财务会计准则委员会在 1985 年财务会计概念公告第 6 号《财务报表要素》（SFAC No. 6）中的定义得到最普遍认可："一个企业在一段时期内由于交易、其他事项以及来自除股东外的事项所引起的所有者权益的变动。除了所有者投资和对所有者的分配引起的所有者权益的变动之外，在某一会计期间内全部的所有者权益变动都应包括在综合收益中”。

综合收益是一个总括指标，要求确认企业的生产经营活动和与其他主体之间交换交易的结果，还要求确认传统净收益难以处理和反映的物价变动或其他一些外在环境事项所引起的未实现的资产变动。所以，综合收益包括一定期间内的净收益和除股东投资与派给股东款之外所有者权益的其他所有变动（即其他综合收益）。

美国财务会计准则委员会于 1997 年 6 月正式公布了财务会计准则第 130 号《报告综合收益》（SFAS 130）。SFAS 130 继续沿用了 SFAC No. 6 所定义的综合收益概念，指出综合收益由收入、费用、利得与损失四个同级要素构成，将综合收益划分成净收益和其他综合收益两大类。净收益由持续经营收益、非持续经营收益、非常项目和会计原则变动的累计影响等四个部分组成；其他综合收益又包含几个部分，按照各自的性质分类，分为外币项目、最低养老基金债务调整和某些债务性、权益性投资的未实现利得（损失）这三个独立的项目。

2. 收益观念的历史发展演变

在“收益”观念的历史变迁中，其主导观念经历了资产负债观到收入费用观，再到资产负债观的发展过程。综合收益观念是这一发展变迁的产物。

（1）经济学收益的提出。1776 年，亚当·斯密在《国富论》中提出收益是“财富的增加”。1890 年，艾·马歇尔在《经济学原理》中，首先提出在企业中区分“实体资本”和“增值收益”。

在近代簿记发展初期，当时企业的经营者往往就是所有者，簿记的主要目的是进行财产管理。将前后两期期末财产进行对比，其差额就是所有者所关心的盈利状况，也是财务状况。所以，在会计上早期的收益计量从属于资产的计价，一定时期内的收益就是当期资产的净增量。这时，“收益”是建立在“资产负债观”（Asset-liability View）基础上的。

（2）会计收益的盛行。19 世纪末 20 世纪初，随着生产技术的迅猛发展，股份公司、企业合并等新的企业形式、经济活动出现。企业规模的扩大，使企业产权分散成为必然，每一位股东在股东大会上的作用都很微弱，少数股权所有者的投资目的，更主要的是获取投资收益。这样，投资人就对企业利润格外关注，企业的财务状况相对居于次要地位。“收入费用观”（Revenue-expense View）计量会计学收益便应运而生，即在历史成本基础上，按照权责发生制原则和配比原则，将收入和费用按其经济性质上的一致性联系起来，据以确定收益。20 世纪 30 年代，已明显表现出对会计收益的重视，收入费用观占据主导地位。正如美国会计学家利特尔顿在《会计理论结构》中所言：“所有利益集团在大部分情况下，最重要的信息只能由系列的利润表来提供。”从此，利润表成了企业对外报告的法定财务报表，并成为第一财务报表。

（3）综合收益的探索。在物价稳定、交易多为有形的生产经营活动的环境下，资产负债观和收入费用观所确定的收益一致。在 20 世纪 50 年代通货膨胀时，传统会计收益在反映企业真实业绩方面显出其薄弱的一面。20 世纪 70 年代以后，金融工具不断创新，跨国公司也在涌现，企业的经营活动日趋复杂。在采用历史成本原则的情况下，收入费用观按照配比原则，没有反映未实现的损益，对于递延费用（Deferred Charges）和递延贷项（Deferred Credits）等，未反映在利润表中，仅在资产负债表中反映为权益的变化，所以资产负债观和收入费用观所确定的收益有了差异，净资产变动和净利润也不一致，资产负债表的可靠性降低。

一种介于传统会计收益和经济收益之间的概念——“扩展会计收益”产生了，是由坎宁（Canning）、吉尔曼（Gilman）、爱德华兹（Edwards）、贝尔（Bell）等会计学家提出的，认为收益应当是一定会计期间的资产净增加。这在一定程度上代表着综合收益理论的萌芽。

1974 年 10 月、1975 年 3 月美国财务会计准则委员会分别发布了美国财务会计准则公告第 2 号《研发成本的会计处理》（SFAS 2）和第 5 号《或有事项的会计处理》（SFAS 5），在其中反映出美国财务会计准则委员会开始倾向于资产负债观（Zeff，2005）。1980 年 12 月发布的财务会计概念公告第 3 号《企业财务报表要素》（SFAC 3），公开宣告了美国财务会计准则委员会对资产负债观的偏好（Zeff，1999）。美国财务会计准则委员会首先定义了资产和负债，并将其作为首要概念要素，在此基础上定义了其他要素，如权益、收入、费用、利得和损失。安然事件及其他美国公司的财务欺诈案将会计准则制定推到了风口浪尖上，美国证券交易委员会（SEC）认为资产负债观为经济实质提供了最有力的概念描述，是制定准则的最合适的基础（SEC，2003），呼吁美国财务会计准则委员会在制定会计准则时应全面应用资产负债观，取代收入费用观。美国财务会计准则委员会则明确答复表明其坚持资产负债观的态度，资产负债观回归其主导地位。

3. 综合收益的特征

综合收益的一个基本思想就是要区分创造价值的项目（综合收益）和不创造价值的分配项目（资本投入和股利分派），并确认和计量创造价值的项目。它揭示了收益的性质是企业财富变动，还表明收益具有多种来源，表现形式是多元化的。

1946 年，J. R. 希克斯在《价值与资本》中，提出了一般性的经济学收益概念，他认为，收益是指在保持期末与期初同等富裕的情况下，可予消费的最大金额。从定义上说，综合收益接近于经济收益，但囿于可实现性和计量属性的限制，现行的会计处理方法尚不能准确地确认与计量有些事项，所以综合收益涵盖的内容比经济收益要少。而相较于传统会计收益观，综合收益思想在以下四个方面体现了全新的理念：

（1）收益计量观念方面。如前所述，在企业收益计量理论中，主要存在资产负债观和收入费用观两大流派。

在收入费用观下，收益是企业投入和产出（或所费和所得）配比的结果（佩顿·利特尔顿，1940）。因此通过收入和费用的直接配比来确定收益，强调收入实现原则、配比原则和历史成本原则。所以确认和计量已实现的收入和已发生的费用；而没有客观事实证据支持的资产或负债的价值波动，则不予确认。由此产生的收益就是传统的会计收益，如我国的“净利润”概念，并以利润表为报表重心。

资产负债观下，会计收益向经济收益靠拢，强调收益是财富的增加（亚当·斯密，1776），是一个会计期间内净资产的增长，包括已实现的部分和已确定但尚未实现的部分，其相应的收益为“综合收益”。资产负债观从价值存量的角度构建起了资产、负债与收益的关系，即：净资产 = 资产 – 负债；本期收益 = 期末净资产 – 期初净资产。综合收益则体现了资产负债观。

由此可见，收入费用观和资产负债观的一个显著差异就是对未实现损益的会计处理：资产负债观认为，企业的收益是当期净资产的净增长额（不包括资本投入和股利分配），收益的确定不需要考虑是否已实现，因而包含了未实现损益；收入费用观则先确认一定时期已实现的收入和由此而发生的费用，再根据配比原则确定收益，所以不包含未实现损益。

（2）资本保全观方面。资本保全与收益确定相关联。资本保全，是指在保持了资本或补偿了成本之后，剩余的部分才确认为收益。如何将投入资本（存量）和收益（增量）区分开来，存在着不同的资本保全观念。实物资本保全理论要求，资产负债的价格变动所产生的利得和损失都计入权益；财务资本保全理论要求，这些利得和损失都计入收益。

由此也就形成了对收益的不同理解：传统会计收益以财务资本保全观为基础，认为资本代表所有者投入企业的货币价值，要求所有者投入的货币价值不受侵蚀，所以会计收益的确认以实际发生的交易活动为基础，以收入的实现为原则，只包括已实现的营业收益，而不包括实现的持产损益；而综合收益以实物资本保全观为基础，认为资本代表着所有者投入企业的实际生产能力，只要导致净资产增加，保持了企业的实际生产能力，均可确认为收益，包括已实现的营业收益和持产损益。可见，资产负债观符合实物资本保全理论。

（3）会计目标定位方面。传统会计收益观推崇会计目标的受托责任观，重视会计信息的可靠性特征，因而遵循历史成本原则、实现配比原则和稳健性原则。综合收益观以决策有用作为会计目标，强调会计信息的相关性，注重权责发生制，认为可以采用混合的计量属性。所以在传统会计收益向综合收益发展的过程中，财务报告的目标实现了从“受托责任观”到“决策有用观”的转变。

（4）会计原则方面。在综合收益观下，一些会计原则发生了转变或地位有了根本改变：一是计量原则。传统会计收益观重视历史成本计量；综合收益观下的收益要体现企业财富各方面的变化，这势必重视对现有资产存量价值的重新计量，公允价值等计价模式受到重视。二是实现原则。传统会计收益强调实现原则，所以出现了一些绕过利润表的权益变动项目和不合乎资产、负债属性的递延项目；综合收益观下，收益和利得的确认不局限于“已实现”，当某个尚未实现的权益变动项目“可实现”时，同样可以确认为综合收益。三是稳健性原则。传统会计收益强调稳健性原则，这一原则的运用容易受人为干扰，具有一定的主观随意性和内在不一致性，使收益产生波动，为盈余管理和利润操纵提供了机会；综合收益观下，不再刻意强调稳健，能相对客观公平地反映经济活动，提高收益信息的相关有用性。

4. 综合收益的披露

在综合收益概念提出并得到普遍认可后，各国的准则制定机构开始转向研究综合收益。英国、美国及国际会计准则委员会等都展开了一些研究和制定工作。理论上，包括综合收益的确认、计量和报告等方面内容才是完整的综合收益准则，但这样会引起现行会计准则的全面修订，产生许多争议。在外部使用者迫切需要衍生金融工具会计准则和综合收益准则的背景下，美国财务会计准则委员会在制定第130号财务会计准则《报告综合收益》（SFAS 130）时，决定先解决其他综合收益的报告和列示问题，暂不涉及确认和计量这两个最敏感的问题（SFAS 130，1997）。可以说，综合收益的改革思路是先构建一个框架，然后通过制定具体的会计准则往里面填充内容（葛家澍、杜兴强，2005）。所以现阶段相对研究较多的是综合收益的披露问题，而对于确认和计量，则较少涉及。

继1980年提出综合收益概念（SFAC 3）后，美国财务会计准则委员会在1984年的财务会计概念公告第5号中再次指出，综合收益的报告应当成为一整套财务报表的组成部分。

1992年10月，美国财务会计准则委员会在第3号财务报告准则《报告财务业绩》（Reporting Financial Performance）（FRS 3）中首次要求编制全新的业绩报表——“全部已确认利得与损失表”（Statement of All Recognized Gains and Losses），作为对外编报的主要财务报表，与损益表共同表述报告主体的全部财务业绩。英国会计准则委员会认为财务业绩报表应当报告当期产生的利得和损失，而不仅限于当期实现的利得和损失。当报表使用者评价主体某个期间的财务业绩时，有必要考虑该期间确认的全部利得与损失。这样只靠损益表是远远不够的，因为某些利得或损失按照会计准则的特殊规定直接进入了资产负债表，而后才会“曲线”进入利润表（如递延项目）。《报告财务业绩》准则要求将“全部已确认利得与损失表”作为基本财务报表之一，目的就是向使用者反映当期确认的所有利得与损失所引起的权益增减变化情况。英国会计准则委员会创新性地改革业绩报告：改变了财务业绩报表由单一损益表构成的现状，规定企业的财务业绩由同等重要的“损益表”和“全部已确认利得与损失表”共同表述；在反映财务业绩的要素——收入和费用之外，增加了利得和损失概念；突破了实现原则的束缚。

1997年6月，美国财务会计准则委员会正式发布第130号财务会计准则《报告综合收益》（SFAS 130）。为了报告那些直接在资产负债表所有者收益中列示、而未通过收益表列示的项目，该准则要求除损益表外，还要有一份报告综合收益的财务报表。综合收益的报告有两种格式可以选择：一种是在收益表之外，单独设计“综合收益表”。该表第一行是“净收益”，最后一行是“综合收益总额”；该表的各组成部分与收益表的组成部分具有相同的地位。这样收益表与综合收益表共同反映企业全面的财务业绩。另一种是将收益表与“综合收益表”合二为一，称为“收益与综合收益表”。收益表的最后一行“净收益”作为综合收益总额的小计部分。

1997年8月，国际会计准则委员会（IASC）发布国际会计准则第1号《财务报表的表述》，要求在财务报表中有一个独立的部分来报告企业的全部利得和损失，包括已计入收益的项目和直接在权益中确认的项目。国际会计准则委员会要求企业在收益表之外，提供“已确认利得与损失表”，或“权益变动表”，报告当期损益以及其他归属于股东权益的已确认利得和损失。其中“已确认利得与损失表”与美国SFAS 130规定的“综合收益表”格式和内容基本相同，也相当于英国FRS 3提出的“全部已确认利得与损失表”，能够汇集企业已确认的全部利得和损失。

1999年10月，由加拿大、新西兰、澳大利亚、英国、美国组成的G4 +1发表《报告财务业绩》（征求意见稿），认为应采用单一的、扩张的财务业绩报表报告综合收益。

2005年国际会计准则理事会（IASB）和美国财务会计准则委员会发布联合研究报告，认为一套完整的财务报表应包括期初财务状况表、期末财务状况表、盈利和全面损益表、权益变动表、现金流量表等，这些报表地位同等重要。至此，综合收益的报告模式已基本趋于成熟。

国际会计准则理事会2007年9月发布了修订后的《国际会计

准则第 1 号——财务报表的列报》，该准则自 2009 年 1 月 1 日开始生效，要求在一张报表或两张报表内列报综合收益，而不允许在所有者权益变动表中列报其他综合收益。

5. 我国准则对综合收益概念的发展和运用

对我国而言，2006 年发布的会计准则体系基本实现了与国际会计准则体系的趋同，新准则确立了资产负债表观的核心地位（王军，2006）。综合收益理念在新准则体系及其后发布的准则解释中得到体现并逐步明确。

我国 2006 年《企业会计准则——基本准则》中首次出现“利得”和“损失”的概念。其中：利得是指由企业非日常活动所形成的、会导致所有者权益增加的、与所有者投入资本无关的经济利益的流入；损失是指企业非日常活动发生的、会导致所有者权益减少的、与向所有者分配利润无关的经济利益的流出。所以，利得和损失是导致所有者权益发生增减变动的经济利益的流入或流出，与所有者投入资本和向所有者分配利润均无关，来自于企业的非日常活动。在我国会计准则中，还有收入和费用的概念，它们与利得和损失的根本区别是：收入和费用是来自于企业的日常活动；利得和损失来自于非日常活动。

新会计准则中，虽然没有正式提到“综合收益”的概念，但是“利得”和“损失”概念的出现为综合收益做了铺垫，而且在收益的确认原则上已体现了综合收益的要求，对部分未实现的收益也予以确认。比如在利润表中增加了资产减值损失和公允价值变动损益项目，将未实现的资产持有利得和损失计入了利润表。

按照我国《企业会计准则第 30 号——财务报表列报》（2006）的规定，企业应当提供所有者权益变动表，单独列示“净利润”和“直接计入所有者权益的利得和损失”项目，将可供出售的金融资产和投资性房地产资产项目的持有利得（损失）列示在所有者权益变动表中，在一定程度上能反映出企业的综合收益。这标志着我国收益呈报向综合收益理念迈出了一大步（谢获宝，2010）。

此后，2009年6月财政部印发了《企业会计准则解释第3号》（财会〔2009〕8号），首次提出了在财务报表中引入综合收益指标，要求在利润表“每股收益”项下增列“其他综合收益”项目和“综合收益总额”项目，其他综合收益各项目及其所得税影响在附注中详细披露。这次对利润表列报内容与方式的调整，是我国会计准则对2009年1月1日开始实施的《国际会计准则第1号——财务报表的列报》采取的趋同措施。

2.1.2 公允价值会计的基本理论分析

1. 公允价值的概念

我国2006年发布的《企业会计准则——基本准则》将公允价值定义为，在公平交易中，熟悉情况的交易双方自愿进行资产交换或债务清偿的金额。目前国际会计准则理事会的公允价值定义是，在公平交易中熟悉交易情况的有意愿的各方交换资产、清偿债务和被授予的权益工具可以被交换的金额。

我国准则和国际会计准则理事会的公允价值定义基本相同，都强调了公允价值是在公平交易中产生的，是基于市场的。但是，它们都没有明确主体是在购买还是出售资产，是债务人还是债权人，从定义来判断，公允价值是针对熟悉交易情况的有意愿的各方；此外没有明确说明交换或清偿是发生在计量日还是别的日期（IASB，2009）。

按照美国财务会计准则委员会2006年9月发布的第157号财务会计准则公告《公允价值计量》（FAS157），公允价值是指计量日市场参与者之间的有序交易中，出售资产收到的或转让负债支付的价格。FAS157明确指出，公允价值计量的目标就是确定计量日出售资产收到的或转让负债支付的价格，即脱手价格。可见，

FAS157 的定义弥补了国际会计准则理事会和我国准则定义的不足。

国际会计准则理事会在 2009 年征求意见稿中对公允价值的定义则是，在计量日的有序交易中市场参与者之间出售资产可以获得或转移负债将会支付的价格（脱手价格）。这一定义与 FAS157 的定义基本一致。

2. 公允价值会计及相关规则的发展历史

（1）起步阶段。19 世纪末的通货紧缩持续了 30 年，那时公允价值就已得到使用，采用的是市价计量（或以市价为基础进行账面价值调整）。1953 年会计程序委员会（CAP）的第 43 号会计研究公报《会计研究报告的重述与修订》（ARB 43）中，正式提到公允价值概念，要求“当无形资产通过证券交换取得时，其成本应当考虑其对价的公允价值或给予财产的公允价值”。从 1969 年开始，会计原则委员会（APB）曾分别在第 14、16、18、21 号意见书和第 4 号公告中使用和定义公允价值。由于始终以历史成本计量某些金融资产的价值和金融行业的利得交易，20 世纪 70 年代美国爆发了金融危机，为缓解危机诞生了公允价值概念（黄学敏，2004）。1973 年美国财务会计准则委员会（FASB）负责制定会计准则以后，至 20 世纪 80 年代中期，发布了约 30 个涉及公允价值运用的会计准则。

20 世纪 80 年代中后期衍生金融工具开始盛行，给会计计量带来了前所未有的挑战。用传统的历史成本计量，无法适应其价值衍生、没有或极少有初始投资、交割时间在未来等特征，产生的会计信息无法真实反映甚至会扭曲财务状况和经营业绩。改革历史成本计量成为当务之急。1990 年 9 月，当时的美国证券交易委员会（SEC）主席理查德·布雷登（Richard Breeden）曾说：“历史成本形成于一个与现在大量市场参与者相互作用的经济环境大相径庭的背景下。……在这种环境下继续使用历史成本是不恰当的，它会减少财务信息的相关性”（于永生，2007）。美国证券交易委员会认为，公允价值是衍生金融工具唯一相关的计量属性，应提倡用公允价值计量衍生金融工具。从此，公允价值计量研究正式展开。

（2）全面发展阶段。美国财务会计准则委员会1991年接手制定公允价值会计准则，此后一直从现值计价的角度研究公允价值计量，2000年2月发布了第7号财务会计概念公告《在会计计量中使用现金流量信息和现值》（SFAC No. 7）。在这个公告中，美国财务会计准则委员会指出，现行市价就是公允价值；在市价无法观察取得的情况下，现值计量就是通过搜寻各种因素去合成可能存在的市价；现值计量仅仅适用于那些以未来现金流量为基础的初始计量、新起点计量和摊配技术（FASB，2000）。由于适用范围窄，仅用现值计量显然不能满足公允价值计量的要求。2003年6月美国财务会计准则委员会重新启动公允价值计量准则研究，梳理了此前30多年中各个会计准则和概念公告里的公允价值计量规定，三年后发布了财务会计准则公告《公允价值计量》（FAS 157），首次对公允价值计量问题进行了系统阐述和具体规定，提出了完整的公允价值计量和披露框架。发布了新的公允价值定义；提出了脱手价计量目标，明确指出公允价值是现行市价中的脱手价；根据公允价值计量所使用的参数的可靠性，将公允价值进行分级，级次越高（即可靠性越差），披露要求越严格，要求披露的内容越多；承认以公允价值进行后续计量（即依据不断变动的市场价格进行账面价值调整）是可靠的，在公允价值可靠性与相关性相互关系的认识上发生了质的变化。

（3）金融危机阶段。2007年美国次贷风波引发了国际金融危机，而FAS157的颁发时间与本次金融危机的爆发时间刚好吻合，公允价值会计因为具有“顺周期效应”被指责为“放大了金融危机，进一步打击了投资者信心”。美国银行业协会主席和首席执行官英林（Edward Yingling）称FAS157的颁布是“犯了方向性的错误”，而在金融危机中还坚持使用公允价值，简直就是“往火里继续泼油般愚蠢”（Leone，2008）。

美国证券交易委员会在 2008 年年底按“紧急经济稳定法案”要求编制并向美国国会递交了报告《对 2008 年紧急经济稳定法案第 133 部分的报告和建议：盯市会计的研究》，认为“公允价值会计在 2008 年发生的金融危机中并未起关键作用”，公允价值信息是有用的，增进了财务信息质量，较为透明地反映了被投资公司资产与负债的价值。尽管如此，面对外界压力，会计界还是作出了让步：2008 年 10 月 13 日国际会计准则理事会宣布修改第 39 号国际会计准则《金融工具：确认与计量》和第 7 号国际财务报告准则《金融工具：披露》，允许某些以公允价值计量且其变动计入当期损益的金融资产和可供出售金融资产在特定情况下可以重新进行分类；2009 年 4 月 2 日，经过表决，美国财务会计准则委员会也勉强决定放松对公允价值和资产减值准备的运用要求（朱丹等，2010）。

国际会计准则理事会 2009 年 9 月发布了专门的《公允价值计量》征求意见稿，借鉴美国 FAS 157 的思想，系统阐述了公允价值计量与披露问题。

3. 公允价值的相关性

1980 年 5 月美国财务会计准则委员会发布了财务会计概念公告第 2 号《会计信息质量特征》，认为决策有用的会计信息首先应具备相关性和可靠性这两个重要的质量特征。相关性是“信息影响决策的能力”，包括信息的预测价值、反馈价值和及时性；可靠性是“它反映了意在反映的经济状况或事项”，包括真实反映、可验证性和中立性。

为了追求相关性，就必须满足及时性，及时性实际上影响到全部会计信息使用者的决策。从会计信息的预测价值考虑，只有及时的信息才是相关的。报告日发布的信息，只有真正能够反映相关事实，能够洞察公司最近期的未来现金流数量、时间和不确定性，才能为投资者进行决策提供有效的依据。

资产负债表和利润表信息对投资决策的相关性并没有产生很大的作用，反而在近年来有恶化的迹象（Lev & Zarowin，1999）。历史成本会计是缺乏相关性的主要原因。历史成本会计没有考虑价格的变化，在通货膨胀时期低估了资产；同样也忽视了利率变动对负债，特别是长期负债价值的影响，负债的账面价值并不代表其公允价值，所以股东权益被扭曲了。利润表中，经济学收益和历史成本会计的收益大相径庭，未实现的损失和收益在历史成本会计下没有被确认。因此，它在预测未来收入的相关性方面的作用是很微小的（Lev，1989）。

博尔顿等（Bolton et al.，2000）认为，未来企业财务报告应披露一个企业所有资产的现行价值。对资产的重估增值或减值通常被理解为会计意义上的公允价值，表明某些资产或负债的市场价值发生了变化。葛家澍（2009）认为公允价值会计有两大特点：第一，它必须盯住市场或调到市价（即 Mark-to-market）；第二，市价是报告日的市场报价或其他估计价格。所以公允价值立足于当前实际发生的市场交易价格，因而也具有及时性。

具有相关性的会计信息，无论是否发生资产或负债的转让交易，都必须能够向使用者传递一个资产或负债真实价值的信号。穆尼茨（Moonitz，1965）将未来预计可能发生的交易的市场价格也作为会计信息的来源之一，会计资料以市场价格为基础，而市场价格根据过去或现在实际已经发生的交易或未来预计要发生的交易而形成。这个市场价格假设为公允价值的运用提供了重要的前提。FAS157 对公允价值的定义认为，出售资产和转移负债的交易是在计量日的“假定”交易，而公平的交易价格可以等同于公允价值。

4. 公允价值的可靠性

美国财务会计准则委员会将可靠性定义为“如实反映”、“可验证性”和“中立性”，国际会计准则委员会/国际会计准则理事会（IASC/IASB）将可靠性定义为“如实反映”、“实质重于形式”、“中立性”、“稳健性”和“完整性”。对于会计上的不确定性，大多通过“稳健性”来表达。

基于“交易”的会计信息本身具有确定性的要求，很显然可靠性便取决于“确定性”的程度。在全球化的环境中出现的金融工具创新和高新技术发展，使经济交易中面临着越来越多的不确定性。此外，会计程序中充满了估计和判断，也增加了不确定性。早在1922年，佩顿就曾指出，“即使是实际成本，也仅仅是一个不确定的数据……会计面临的主要是判断和估计，而不是肯定。价值总是或多或少地包含了推测和不稳定因素”（查特菲尔德，1977）。因此，过分强调可靠性，必然有失偏颇。

考虑到会计信息生成成本的阶梯型边际递增性，会计信息可靠性的增强必然是以交易费用的增加为代价；而反之却未必成因果关系，即交易费用的提高却并不会必然提高会计信息的可靠性。因此，过度苛求可靠性的经济后果，可能导致会计信息可靠性的均衡点的下降（葛家澍、杜兴强，2004）。近年来，会计学术界和实务界摒弃交易基础的会计模式的呼声日益高涨（Lys，1996；Miller & Bahnson，2004等），认为不相关的信息无论再可靠，也不会为使用者带来任何好处。以价值为基础的会计模式倡导者认为，与其向投资者提供不相关的可靠信息，不如转而致力于提高相关信息的可靠性。

用公允价值计量，也能反映企业的真实价值，所以具有可靠性：第一，公允价值会计在表内确认和计量了某些资产持有利得和损失，没有否定取得资产和负债时确定的账面价值，只是根据时间的推移和市场价格的变化进行后续的调整。第二，公允价值会计预测金融衍生品的未实现损益等涉及未来的交易，虽然表面上不可靠，有违收入实现原则和权责发生制，但及时揭示这些数额巨大的金融产品的价值变化，将会帮助投资者有效规避风险。第三，随着现代财务和金融理论的发展，估价技术日趋成熟，因而公允价值可靠性的提高也具备了一定条件。比如，根据著名的Black-Scholes期权定价模型计算出来的价格应该具有一定的可靠性。

此外，巴特（Barth，2000）曾经解释说，相关性意味着会计数字和一些价值的计量（比如股票价格）相关联。如果会计数字显著增加了估计等式解释权益价值的能力，那么它们是价值相关的，而且也具有一定的可靠性。否则就是价值无关的，和权益价值毫无关系。因为如果会计数字充满了太多的计量误差，研究人员同样也无法测量到显著关系的存在。但是实证研究的结果表明，公允价值信息的披露和确认与权益价格存在着相关关系，公允价值信息对股票价格有显著的解释力（Barth，1994；Barth et al.，1996，1998；Aboody et al.，1999等），从而间接证明了公允价值信息也具有一定的可靠性。

5. 公允价值与综合收益

收益概念起源于经济学，会计也一直在追求如实反映经济学收益。如前文所述，收益观念的发展经历了资产负债观—收入费用观—资产负债观的演变，综合收益也正是这一发展的产物。在资产负债观下，资产、负债的计价优先于收益的确定。综合收益理念下，收益是企业期末净资产比期初净资产的增长额，即：收益=（期末资产-期末负债）-（期初资产-期初负债）-资本投入+股利分配。为了比较准确、合理地确定期末净资产，要求将所有资产和负债项目按同一时间基础进行对比，运用能够反映资产和负债的现时市场价值的计量属性，会计收益就更接近经济学收益。此时，历史成本属性不再是主要选择，公允价值作为对资产或负债现实市场价值的一种客观、公正的估计，能更好地体现正确计量综合收益的内在要求。所以，综合收益概念的运用为公允价值会计的实践提供了内在的动力。

另一方面，社会环境在不断地改变，科技进步使企业间的竞争加剧，知识产权、人力资源等无形资产的地位日趋重要，而其价值在会计中又得不到公允反映；衍生金融工具的种类越来越多，形式越来越复杂，历史成本会计对此显得无能为力。公允价值计量则能较好地解决这些问题。但是如果采用公允价值作为主要的计量属性，必然带来另一问题：按照公允价值计量的净资产的变动额（扣除与所有者的往来交易）必然不等于传统损益表收入费用观下确认的净收益，前者是综合收益，其中包含了某些未实现的资本利得或损失。为了解决这个问题，就需要对历史成本计量属性为主的原财务报告体系进行修改，以适当的方式披露和报告综合收益。

所以，公允价值和综合收益二者相互促进，互生共长。

2.1.3　交叉持股相关理论分析

1. 交叉持股的概念、类型

交叉持股（Cross-share holding 或 Cross holding），是指两个或两个以上的主体（公司），基于特定目的，相互持有对方发行的股份，从而形成彼此投资的现象。字面意义的交叉持股，是指双方相互持有对方的股票。但是国内外多数研究文献对交叉持股的理解并非局限于此，是一种更广义的交叉持股概念，是指在全部上市公司这个整体中，存在的一个公司购买（持有）其他公司股票（股权）的状况（如 Osano，1996；French，1991；杨萍，2007；秦俊、朱方明，2009；白默、刘志远，2009 等）。这种广义的交叉持股既包括上市公司之间相互持有股份，也包括上市公司单向持股的情况，但不包括上市公司与非上市公司及拟上市公司之间持有股份的情况。广义交叉持股的现象大量存在着。笔者认同广义交叉持股的界定，本书所指的交叉持股也是广泛意义上的交叉持股。

理论上，根据不同的标准，可以对企业间的交叉持股做出不同类型的划分。依据交叉持股所形成的公司关系，可以分为：

（1）单纯型交叉持股。即A、B两个公司相互持有对方的股份，在公司设立时、新股发行认购股份时，或者在股票市场购买已发行的股份都可以形成这种持股关系。

（2）复杂型交叉持股。这种类型又可根据持股公司之间的关系，分为环状型交叉持股、网状型交叉持股和放射型交叉持股。

①环状型交叉持股，多家公司之间都不存在控制、从属关系，但这些公司之间顺次持有下一家公司的股份，彼此间形成一个封闭的环状系统。如甲与乙、乙与丙、丙与甲之间各有交叉持股。

②网状型交叉持股，是指所有参与交叉持股的公司，彼此之间都没有控制、从属关系，但全部都持有其他公司股份。比如有五家公司之间形成网状型交叉持股关系，则甲持有其他四家公司的股份，同样，乙也持有包括甲在内的其他四家公司股份。

环状型和网状型的交叉持股，公司间通常不存在控制和从属关系，所以，可将其合称为横向型相互持股。

③放射型交叉持股，是指一个公司分别与其他公司形成交叉持股关系，是整体交叉持股结构的核心，但其他公司之间并不存在交叉持股的情况。比如甲与乙、甲与丙、甲与丁之间有交叉持股关系，但乙、丙、丁之间没有进行交叉持股。因为存在核心公司，各公司之间就有了控制、从属的关系，通常这种类型是纵向型交叉持股。

以上是将现实中复杂的交叉持股关系予以理论上的简单化，但实际的持股关系远比这些基本类型更错综复杂。

按有无控制、从属关系，交叉持股可以大致分为纵向型与横向型两种类型。纵向型是交叉持股公司间具有控制、从属关系，如上述的放射型交叉持股。在这种类型中，就发生了子公司持有母公司股份的情形，世界各国一般视为母公司取得自己的股份，采取原则禁止、例外允许的规制。横向型指不具有控制、从属关系的企业间的交叉持股，包括上述的环状型及网状型交叉持股。对于这种类型，各国一般允许其存在，只在特定情况下给予一定的限制。

我国《公司法》对公司间交叉持股的问题，虽然没有明确的限制条款，但仍有“对外投资不得超过净资产的 50%”这一规定，实际上限制了公司间达到绝对控股比例（51%）以上的情况，但在公司股权结构都很分散的条件下，仍能达到交叉控股的目的。

依据交叉持股公司间的不同关系，可将其归纳为两种基本类型：直接型与间接型。直接型交叉持股是指两个以上的公司之间直接相互持有对方的股份，这种类型最单纯。间接型交叉持股是指在多个公司之间形成首尾相接的相互持股，非直接持股公司之间的相互影响会随着参与持股公司链条的延长而逐渐减弱，但却没有摆脱这个持股环的束缚。

依据所持对方公司股份的多少及影响力的大小，交叉持股分为股权型交叉持股和股票型交叉持股。前者通过持有对方公司的股份，达到控制、共同控制或对对方公司形成重大影响，因而是一种战略型持股，这种持股关系一般较复杂。后者的持股则不会形成控制、共同控制或重大影响，不具有战略意义，更多的是出于财务利益的考虑，是财务型持股。学术界对交叉持股的研究，更多地集中在股权型交叉持股上。但是随着资本市场的发展壮大，以及公允价值计量属性的广泛运用，股票型交叉持股也正引起学术界的关注。

2. 国外交叉持股的状况以及日本交叉持股的发展历程

世界各国对交叉持股的态度大致可以分为三类：第一类是政策比较宽松的国家，比如美国采取了最为宽松的态度，公司法对交叉持股没有做出任何直接或间接的规定；第二类是严格限制的国家，如法国、比利时等国家，明确限制公司之间相互持股的比例，而且比例很低；第三类是相对宽松的国家，如德国、日本等，对母子公司之间的相互持股加以限制，而对无关联的公司之间的交叉持股却采取宽容政策。

尽管美国对交叉持股的限制最少，但交叉持股现象并不多见。德国和日本同为后发工业国家，具有很多相似之处，公司法对交叉持股的态度基本相同，在具体执行中也出现了许多共同的特征。日本的交叉持股最具代表性，交叉持股比重最大，持续时间也最长，在20世纪80年代中期以前曾经是日本经济发展的重要源泉之一；在日本泡沫经济膨胀时，交叉持股得到了急速发展，企业由交叉持股获取的投资收益是主业收益的数倍，经济发展呈现一派繁荣景象；泡沫经济崩溃后，企业减持股票的行为又进一步推动了股市的下滑，交叉持股反过来极大地扩大了资产泡沫的崩溃效应。

在日本的资本市场，个人、金融机构、企业法人等都可以持有股票。交叉持股主要表现在金融机构和企业法人之间的相互持股。金融机构和上市公司一般被称为稳定股东，它们与股票发行企业保持友好稳定的关系，不会轻易卖出所持有的股票，除非经营状况显著恶化。对于交叉持股的程度，则使用“稳定持股比例”这一指标来表现。

第二次世界大战结束后日本的交叉持股经历了一个漫长的跌宕起伏的发展过程。第二次世界大战之后财阀解体，个人股东迅速增加。1947年的《反垄断法》和1953年该法的修正，对企业持股人的身份限制给予了大幅度松绑，金融机构和企业法人的持股比重随之增加，1950年稳定持股比例为23.6%。此后，交叉持股现象逐步走向繁盛，主要原因是企业为了防止资本自由化后的外资恶意收购。1975~1989年间，企业间的交叉持股疯狂发展，1989年稳定持股比例甚至达到70.8%。此时金融机构增加持股；非金融公司利用各种资金，大量投资于股票市场。日本最著名的丸红商社每年的股票收益达到30亿~50亿日元，被戏称为丸红证券。不同投资主体的股票换手率的变化可以反映这一时期股票交易活跃程度的变化，银行和非金融公司在1975年的换手率仅为1.5%和6.3%，1989年则分别达到53.5%和22.1%（初宜红，2008）。持有股票的根本目的已经由稳定持有转向追逐高额利润。

1990年至今，交叉持股进入理性回归和调整阶段。金融机构的持股比重迅速回落，非金融公司的持股也有一定下降。“交叉持股”作为日本企业的一种普遍现象已经成为了历史。但在 2005 年以后，上市公司交叉持股比例有再次回升的趋势，按照投资金额计算的非金融公司之间的交叉持股由 2001 年的 1.57% 提高到 2005 年的 2.94%。这一现象说明一定限度的交叉持股具有其经济合理性。

20 世纪 90 年代日本泡沫经济崩溃之后，为了完善资本市场的信息披露以获取国际社会的信任，日本推行了所谓的会计大改革，2000 年起日本政府实施新的会计基准，也在一定程度上影响着日本交叉持股的发展。原因是：第一，新准则强调合并财务报告的重要性，从 2000 年财政年度开始，要求集团公司编制合并报表。这样，交叉持股另一方的经营业绩将直接影响到持股公司的业绩，持股企业开始重新审视自己手中持有的相关股份，一些公司开始抛售所持的经营业绩较差的公司股票。第二，新准则要求对企业持有的有价证券按其持有目的进行划分，以转让获利为目的的有价证券从 2000 年起以市价入账；因其他目的而持有的证券从 2001 年开始以市价入账。准则还要求，对于其他目的证券，其损益将直接计入资产负债表的所有者权益中。这就会导致所有者权益的经常性变动；从另一个角度看，即使企业集团总体获利，如果本企业的业绩没有大的改善，也会虚增所有者权益，从而降低了净资产收益率。因此，企业经营者开始考虑用其他方式的投资代替交叉持股，以平稳企业的所有者权益（初宜红，2008）。

3. 交叉持股的利弊分析

交叉持股在日本的发展过程表明，交叉持股是一种复杂的经济与法律现象。其正面作用表现在：第一，稳定公司的股权结构。由于存在交叉持股，公司可有效防御敌意收购，进一步稳定公司的经营权。第二，可以减少经营风险，提高利润水平。在获取股票收益之外，通过交叉持股结成战略联盟，享受稳定交易带来的成本降低效应，并且通过公司间的协同效应提高了双方的利润水平，有利于稳定股价，并对企业系列化关系的建立创造条件。第三，便于资金筹措。公司筹资时，存在交叉持股关系的其他公司通常会优先认购股份或债券，从而降低了公司筹资的风险与成本，增加了筹资的稳定性。第四，规避分配盈余。交叉持股公司之间可以互相抑制对方的分红要求，从而相应增加公司的留存资金，增加公司进一步发展所需的资金。

但同时，交叉持股也存在一些弊端。第一，可能虚增资本。存在交叉持股时，公司的资本会虚假增加。假如甲乙两个公司各有资本额 2000 万元，两公司相互向对方投资 1000 万元，此时它们的账面各有 1000 万元的新增资本，而实际情况是两家公司的资本并无任何实质的增加。如此反复进行，两公司的资本额在理论上可以无穷大。资本虚增会使与公司进行交易的其他经济主体产生错觉，以公司的账面资本推断其实力，从而带来偿债风险。虚增资本必然会导致资本空洞化，与公司法的资本真实原则、资本维持原则和资本不变原则相冲突。第二，容易造成信息不对称，妨碍证券市场正常交易秩序。由于交叉持股这种特殊关系的存在，交叉持股公司之间比非交叉持股的公司具有明显的信息优势，在证券市场上更容易产生内幕交易，非法操纵股价。第三，可能造成股东权益的不公平。在纵向型交叉持股下，母公司控制了子公司的经营者。横向型交叉持股下，各公司的经营者为了使自己的经营控制权最大化，相互之间达成默契，彼此不干预其他公司的经营权，这样交叉持股体系下公司经营者对自己公司拥有完全的自主控制权，这背离了由出资方行使支配权的原则和理念。第四，容易引发垄断行为。如果是竞争关系的交叉持股公司，为了获取最大利润，它们很可能会联合起来操纵市场价格或产量等，形成垄断团体。第五，容易助推股市的波动。学术界一直在研究交叉持股与股市泡沫的因果关系。从现象上看，股价上升增长了交叉持股的收益，从而虚增利润、美化实体经济，对股市泡沫的进一步膨胀发挥了重要作用。所以笔者认为是股市泡沫推动了交叉持股。

2.2 文献综述

2.2.1　价值相关性文献综述

当企业进入资本市场后，其发行的股票在资本市场上的交易价格能够动态反映企业的价值。会计信息价值相关性是指如果伴随某项新信息的发布或某个会计数据集的披露，资本市场对其作了显著反应，则一般认为该信息向市场传递了新的有用的信息，也就是说该信息具有价值相关性。

1. 价值相关性研究的理论分析

1968 年，鲍尔和布朗（Ball & Brown）在《会计数据的经验检验》一文中，以有效市场假说成立为前提条件，实证研究了在纽约证券交易所上市的 261 家公司 1946 ~ 1965 年间年度会计盈余信息披露前 12 个月到披露后 6 个月的股价变化，发现盈余变动的符号与股票非正常报酬率的符号之间存在显著的统计相关性。

他们的研究开创性地建立了以信息理论、有效市场理论、资本资产定价理论为基础的信息含量研究范式，此后大量的学者遵循该范式展开了多方位多角度的研究，取得了丰厚的研究成果。20 世纪 90 年代，由于奥尔森模型（Ohlson 模型）的出现，会计学者不仅研究会计信息是否有用，而且开始研究会计数据与股价水平的关系，会计信息是如何有用的，即会计盈余信息的价值相关性。会计信息价值相关性的研究也从信息观发展到计量观，会计信息与股票价格相关性的研究范围也从损益表扩展到了资产负债表。

信息观认为在现实经济社会中，市场不完全并充满不确定性，无论采用何种会计方法都不可能得到企业的“真实收益”，会计信息的作用并不是向投资者反映企业的经济收益，而是通过传递某种“信号”，有助于投资者判断和估计经济收益。在信息观下，会计信息是否有用的判断标志就是会计信息所传递的“信号”是否会影响投资者的投资决策，所以信息含量研究只是限于会计信息是否会影响股票价格，而没有考虑市场把信息反映到股票价格中去的作用机理。信息观主要研究对象为盈余反应系数（ERC），认为市场反应的原因包括β系数、资本结构、盈余持续性、盈余质量、公司的成长机会、投资者预期等。信息观的研究直至今日，实证研究文献极为丰富。信息观实证研究采用的基本理论为直接估值理论和权益估值输入理论（Barth，2000）。价值相关性研究运用的估值模型主要有资产负债表模型、收益模型和奥尔森的剩余收益估值模型；研究类型上则主要包括相对联系研究、增量联系研究和边际信息含量研究（Holthausen & Watts，2001）。在模型的实施上则包括价格水平和回报率两种实证模型（Kothari & Zimmermann，1995）。研究内容上也包括比较不同模型中的信息含量，如比较会计盈余和现金流与股票回报之间的联系（Biddle et al.，1997；Jeffrey et al.，1999）。信息观采用的方法主要有事件研究和关联研究。

计量观的出发点是投资者的估价行为，以公司估值理论为基础，认为投资者对公司进行估值存在一定的模型，模型变量会采用相应的会计数据，从而使得会计信息作用于股票价格，体现出会计信息的有用性。价值相关性研究基于计量观，不仅回答了信息观所关注的“会计信息是否有用”这一问题，更关注会计信息对股价的作用机理，使会计信息与股票价格之间建立了直接的联系。费雪和奥尔森（Feltham & Ohlson）的净剩余模型（1995）提出了一个与计量观相一致的理论框架，也包括奥尔森（1995）及其扩展模型（如Ohlson，1999，2001），所做的实证研究主要包括比较股利模型、现金流量模型及残余收益模型的相对收益预测能力。

2. 公允价值的价值相关性

在金融工具的相关准则出台之前，公允价值相关性的研究主要集中于非金融资产。如比弗和兰兹曼（Beaver & Landsman，1983）、比弗和赖安（Beaver & Ryan，1985）、伯纳德和罗兰德（Bernard & Ruland，1987）均发现历史成本下的收益并不比现行成本和重置成本下的收益更具相关性。布勃利茨等（Bublitz，1985）和默多克（Murdoch，1986）等则发现公允价值具有增量的解释能力，并将以前无相关性的结果归咎于模型设定错误。

自美国财务会计准则委员会 1991 年发布财务会计准则公告第 107 号《金融工具公允价值披露》（SFAS 107）以来，大量的公允价值相关性文献开始集中于金融工具。巴特（1994）以 1971 ~ 1990 年银行为样本，研究发现证券投资的公允价值相对于历史成本而言，对银行股票的价格具有更强的解释力；同时认为这种增量信息含量取决于估价模型的设定，在某些设定下，按公允价值计算的投资收益并没有显著的增量信息含量。

学者们的研究发现，公允价值的价值相关性与不同项目有关系，其中对于金融资产公允价值的相关性研究结论较一致。尼尔森（Nelson，1996）检验了银行权益市值与按财务会计准则公告第 107 号《金融工具公允价值披露》所要求披露的公允价值信息之间的相关性，发现采用公允价值计量后，只有证券投资相对于账面价值具有增量的价值相关性，而贷款、存款、长期债券和表外金融工具的公允价值并没有明显的增量价值相关性。但控制净资产回报率和账面价值增长率之后，证券投资的公允价值信息不再具有相关性。佩特罗尼和瓦伦（Petroni & Wahlen，1995）的研究表明，流动性较强的交易型证券的公允价值相较于流动性较弱的投资，具有更强的价值相关性。巴特等（1996）研究发现证券投资、贷款与长期债务的公允价值都具有价值相关性，而银行吸收的存款与表外项目的公允价值并不具有价值相关性。

但是，库拉纳和金姆（Khurana & Kim，2003）的研究却表明，受公司规模和信息环境透明度的影响，公允价值的信息含量不一定总是优于历史成本。金融工具的公允价值信息与历史成本信息相比，二者与股票价值的关联度并没有区别，但是，对于那些规模较小和信息环境不够透明的银行样本来说，历史成本比公允价值具有更强的信息含量。

在我国，邓传洲（2005）研究了B股公司按第39号国际会计准则《金融工具：确认与计量》（IAS39）披露公允价值的股价反应，研究认为在历史成本的账面价值基础上，证券投资账面值的公允价值调整额缺乏增量的价值相关性；而证券投资收益则具有较弱的价值相关性。罗胜强（2007）研究认为我国上市公司披露的关于证券投资的公允价值信息对于投资者来说具有价值相关性。朱凯等（2008）研究了不同信息环境下公允价值的股价相关性，认为公司与投资者之间的信息不对称程度越高，公允价值对股票定价的增量作用越显著。李连军、温璐（2008）研究发现公允价值具有价值相关性而且金融类企业公允价值相关性明显高于非金融类企业。陈学彬、许敏敏（2010）研究认为公允价值变动带来的净损益会增加上市公司盈利的波动性，并且上市公司股票价格会受到披露的公允价值变动损益信息的影响。刘英男、王维华（2010）认为公允价值计量属性引入新准则后每股净资产和每股收益对每股股价的解释能力较引入前有所增强。黄晓榕（2006）认为，从本质上讲，资产的公允价值的计量符合决策有用观的要求，能够提供与决策相关的信息，因此认为公允价值计量属性可以提高会计信息的相关性。

3. 综合收益的价值相关性

从前面的分析我们得知，理论上，综合收益报告比传统收益报告更能提高财务信息的决策有用性，但国外进行的多项实证研究并未达成一致的观点。

在 20 世纪 90 年代英国会计准则委员会、美国财务会计准则委员会和国际会计准则委员会进行收益确定模式的变革，要求改革现有的业绩报告模式，建议企业提供“第四财务报表”之后，一些研究就对会计盈余与综合收益的价值相关性展开了比较。列夫（Lev，1989）和科仁（Kothan，1992）分析会计盈余反应系数偏低的原因，都认为会计盈余由于本身方法上的局限，不可能是真正的“经济盈余”（True Earnings），因而削弱了会计盈余与股票收益之间的相关关系，造成盈余反应系数偏低。这两篇文章虽然没有对综合收益的价值相关性进行直接研究，但已经指出会计盈余与经济盈余在价值相关性方面的差异，可以说是在价值相关性研究方面由会计收益向综合收益的迈进。霍普金斯（Hopkins，1998）最早对综合收益的价值相关性进行了研究，该文通过实验研究法发现综合收益的披露对分析师确定公司价值很有帮助，从而证实了其价值相关性。比德尔和崔（Biddle & Choi，2001）按照财务会计准则第 130 号《报告综合收益》（SFAS130）定义下的综合收益，研究了美国上市公司的传统净收益、其他综合收益以及其他综合收益构成项目与股票报酬、经理层业绩考评的相关关系。研究结果表明，传统净收益指标对考评经理层业绩更有效，而综合收益对股票报酬的解释力度更强，从而支持了综合收益的披露。卡纳伽瑞特纳姆、马修和悉哈特（Kanagaretnam，Mathieu & Shehata，2009）用同时在美国和加拿大上市的加拿大公司的数据，检验了 SFAS130 要求披露的其他综合收益项目与股票收益的相关关系及综合收益预测未来业绩的功能，并与净收益进行了比较。研究结果表明，其他综合收益所有项目与公司业绩更具有相关性。

与以上研究相反，达利瓦等（Dhaliwal et al.，1999）分别检验了综合收益、净利润和其他综合收益项目与股票回报、价格的相关性及预测未来现金流和收入的能力，发现“没有证据表明综合收益与股票收益的相关性或者预测未来现金流量的能力要强于会计盈余”，综合收益中唯一可以增强综合收益与市场回报相关性的是可供销售证券利得或损失。霍尔森特和瓦茨（Holthausen & Watts, 2001）也得出了类似的结论。

我国目前对新准则下综合收益价值相关性的研究较少，研究结论不一。朱焰兵（2005）用国际财务报告准则下的会计收益代替综合收益，并与我国会计准则下的收益进行了对比分析，研究结果表明，综合收益并没有比我国会计准则下的会计收益具有更多的信息含量。程小可等（2008）从相对价值相关性和增量价值相关性两个角度研究了盈余结构以及具体盈余项目与股票回报之间的关系，研究发现，综合收益的价值相关性水平不如净利润。赵自强等（2009）利用深、沪两市上市公司的数据，通过综合收益项目与股价收益率的价值相关性在新准则执行前后的对比发现，新准则的实施在一定程度上增加了综合收益信息的价值相关性。

4. 我国价值相关性发展趋势研究

吴世农、黄志功（1997）最早就中国上市公司盈利信息报告对股票价格的影响进行了研究。此后，随着我国会计准则和会计制度的变迁，出现了一些关于价值相关性发展趋势的研究。陆宇峰（2000）采用奥尔森模型考察了 1993 ~ 1997 年在中国上市的 A 股公司每股收益、每股净资产和二者共同的价值相关性，认为每股净资产、每股收益联合对股价的解释力度逐年增强且成为股价的主要解释力量。王跃堂等（2001）研究了 1997 年、1998 年 A 股上市公司，比较 1998 年开始执行的《股份有限公司会计制度》的执行效果，发现净资产的价值相关性显著提高，而会计盈余的价值相关性没有提高。刘峰等（2004）针对我国会计准则（制度）在 1995 ~ 2002 年的变化，检验了此间财务报表信息的价值相关性，研究结果表明在我国资本市场环境下，没有证据表明会计准则的变化会带来会计信息质量的提高，甚至可以说，没有证据表明在会计准则与会计信息质量之间存在相对较稳定且直接的关系。罗胜强（2005）通过事件研究法发现市场投资者对协调后的《企业会计制度》作出了正面的反应，但是，报酬模型回归结果表明，新制度颁布与实施后，会计盈余的价值相关性在统计上并没有显著提高。朱茶芬（2006）的研究发现2001年前后盈余的稳健性和及时性发生了结构性的提升，说明2001年的准则变革有效改进了盈余质量；但改进的幅度是较为有限的，与普通法国家相比，中国的盈余质量仍处于很低的水平。郭旭芬（2006）的实证研究发现每股净资产、每股收益两者联合对股价的解释力度自1999年起呈逐年增强的趋势；1998~2000年度和2001~2004年度比较显示，2001年之后每股净资产和每股收益对股票价格的联合解释程度有了显著提高，这表明更严格的会计规范使得会计信息质量有了实质性提高，进而增强了每股净资产、每股收益和股价的价值相关性。邓秋云（2005）研究了我国上市公司非经常性损益与股票价格相关性的发展趋势，发现1994~2002年间，经营利润、非经常性损益都与股票价格显著正相关，此时投资者只关心短期利润，而未区分利润的持续性；自2000年起，每股净资产的定价乘数有很大提高，净资产与股票价格显著正相关，而经营利润和非经常性损益的定价乘数都趋于下降，表明投资者逐步趋于理性和稳健，开始利用净资产所表示的企业内在价值来修正自己对于企业未来的预期。

由于新会计准则在资产观的显现、公允价值的运用等方面与以前的会计规范具有较大差异，因而国内的学者纷纷从不同的角度研究准则实施后价值相关性的变化。

陆庆春（2008）运用价值模型，以沪深300指数的成份股为样本，分析了2006年年报中分别按新旧准则要求下披露的净资产与股价之间的关系。实证分析结果表明新旧会计准则下每股净资产都具有一定的价值相关性，但新会计准则下提供的每股净资产数据对股价的解释能力明显优于旧会计准则。罗婷等（2008）以2004年、2005年、2007年所有A股上市公司为研究对象，以这三个会计年度第一季度的会计数据为基础进行比较分析。发现新准则实施后，会计信息总体的价值相关性显著提高，并且受新准则影响部分的价值相关性改善程度显著高于不受影响的部分。对于非金融行业，非公允净资产比公允净资产更具有价值相关性；而对于金融行业，二者没有显著差别。周宝源、靖晨良（2008）选取了2006年、2007年沪深上市公司作为研究样本，运用报酬模型和价格模型两种方法进行实证研究，结果显示2007年会计盈余和净资产的价值相关性在统计上显著好于2006年，表明会计盈余和净资产的价值相关性得到提高。王建新（2010）以2004年、2005年和2007年、2008年上市公司数据分别作为新旧准则的代表，通过实证分析后发现，新会计准则体现了对会计信息价值相关性的重视，利润表的会计信息价值相关性的提高程度要好于资产负债表信息，资产负债表观没有得到有效体现。公允价值信息具有价值相关性。由于资本市场在2008年受到金融危机的影响，公允价值信息的相关性在该年表现不是很显著，表明公允价值信息的价值相关性容易受到资本市场环境的影响。王樾（2011）以2007~2009年沪深两市上市公司为研究对象，运用利润表中“公允价值变动收益”作为公允价值的替代变量，采用变化后的价格模型进行实证研究，结果显示：公允价值引入后，在历史成本的基础上，公允价值变动额对股票价格具有增量的价值相关性。

2.2.2 盈余管理文献综述

1. 盈余管理的涵义

（1）国外研究。关于盈余管理的涵义，国外研究一直未能形成权威的或被普遍接受的结论，研究者从不同的角度进行分析并给出了不同的定义。

凯瑟琳·雪珀（Katherine Schipper，1989）将盈余管理限定在对外报告领域，指出盈余管理是旨在有目的地干预对外财务报告过程，以获取某些私人利益的披露管理（Disclosure Management）。

希利和瓦伦（Healy & Wahlen，1999）认为盈余管理是企业管理当局通过使用会计手段，或通过采取实际行动（如规划交易），改变了企业的财务报告，旨在误导那些以公司的经济业绩为基础的利益关系人的决策，或者影响那些以会计报告数字为基础的契约的后果。

布朗（Brown，1999）认为，盈余管理是企业在会计准则允许的范围内有意识地使账面盈余达到期望水平的一个过程。但“有意识”是何判断标准，并未具体说明。斯科特（Scott，1999）认为盈余管理是指公司管理当局在会计准则和财务制度所允许的范围内，利用职业判断和规划交易等手段对会计盈利进行调节，以寻求对自己效用最大化或股东财富最大化的一种行为。

从以上定义可以看出，大多数的学者都同意盈余管理对财务报告的影响（Schipper，Healy & Wahlen，Paul M. Healy）。据此，从盈余管理的实现手段来看，它可以分为两类：披露管理和真实盈余管理。前者是通过会计手段而实现的，主要是利用会计政策；而后者则是通过有意安排真实交易而实现的。这是广义的盈余管理概念。从表面上看，盈余管理行为是会计规则执行者对会计规则的违背；但实质上，它反映的是会计规则本身能够在多大程度上得到利益相关者的认可。这些行为既包含合法的操控性行为，也包括非法的或欺诈性的操纵行为。前者譬如，企业管理层在企业会计准则、会计制度允许的范围内，通过选择会计方法、进行职业判断而导致的账面盈余的变动，或者企业依法重组其经营活动或交易从而在即期或持续影响企业账面盈余等；后者则譬如有意识地“过度”或“不当”使用会计选择和职业判断来影响账面盈余，有意编造、虚构交易来调整账面盈余等。狭义的盈余管理仅指非法的或欺诈性的盈余操纵行为。

（2）国内研究。国内学者在归纳与总结国外学者的研究成果时，开始研究盈余管理涵义。

陈建岐（2000）认为盈余管理是企业经理人员作出的会计政

策选择，它是在会计准则允许的范围内，目的是实现自身效用的最大化或企业价值的最大化。魏明海（2000）从信息观的角度，认为盈余管理是企业管理当局为了误导其他会计信息使用者对企业经营业绩的理解或为了影响那些基于会计数据的契约的结果，在编制财务报告和构造交易事件以改变财务报告时做出判断和会计选择的过程。顾兆峰（2000）从会计信息提供角度来阐释，认为广义的盈余管理既包括对损益表中盈余数字的控制，也包括对资产负债表和财务报告中其他辅助信息如附注等的管理。这一概念涉及的盈余管理范围比前者有所扩大。秦荣生（2001）认为，盈余管理是指企业有选择会计政策和变更会计估计的自由时，选择其自身效用最大化或是企业市场价值最大化的一种行为。陈国欣（2004）对盈余管理的界定与魏明海（2000）相似。宁亚平（2004）认为，盈余管理是指管理层在会计准则和公司法允许的范围内进行盈余操纵，或在不损害公司价值的前提下通过重组经营活动或交易达到盈余操纵的目的。可以看出，判断盈余管理的关键在于两点：是否有一定的目的来进行盈余管理；是否在财务报告呈报及经营活动中加入了过多的主观干预。

2. 盈余管理的动机

（1）国外研究。瓦茨和齐默尔曼（Watts & Zimmerman，1986）在其著作《实证会计理论》中提出三种会计理论的假设：报酬计划假设、债务契约假设、政治成本假设。以这三种假设为基础，为了让报告盈余接近其预期的方向，经理人员在进行会计政策选择时有倾向性。国外学者认为，盈余管理的动机主要有：

①报酬契约动机。瓦伦（Healy，1985）提出了报酬最大化的盈余管理假说。他认为，奖金报酬在管理者报酬中居重要地位，而且与会计盈余紧密相连，管理者可能会运用操控性应计利润来增加奖金报酬。霍尔森特等（Holthausen et al.，1995）发现与未设置奖金上限的企业相比，设置奖金上限的企业当达到上限时在会计处

理上更可能递延收益；盈余低于奖金计划的下限时，管理者并未通过操控性应计利润来降低报告盈余。

②债务契约动机。负债经营虽有较大的财务风险，但也能带来财务杠杆利益。债权人为了保护债权的安全，会在契约中对企业最小盈余作出限定。当债务人企业经营业绩不佳时，为了降低违约风险，往往进行盈余管理。德峰和杰姆巴尔沃（Defond & Jiambalvo, 1994）研究了 1985 ~ 1988 年间存在债务违约情况的 94 家公司，发现它们在违反债务契约前一年以及违约年份会调增收益，提升报告盈余。德肖等（Dechow et al., 1996）以 1982 ~ 1992 年美国证券交易委员会披露的 92 家存在盈余操纵的公司为对象，研究发现，降低外部融资成本和逃避负债契约的约束是样本公司进行盈余管理的重要动机。

③资本市场动机。盈余指标是世界各国的资本市场融资条件中最为重要和关键的指标。为实现融资目的，管理当局通常会进行盈余管理，影响报告业绩。

盈余管理现象广泛存在于首次发行股票和再发行中。企业会计盈余与股票价格之间呈正相关关系，较高的报告盈余意味着相对较高的股票价格。因此，在股票发行中管理当局希望提升股票发行前的报告盈余，以提升股票价格，获得更多的股权资本。拉夫兰和里特（Loughran & Ritter, 1995）提出"新股发行之谜（new-issues-puzzle）"，即企业在发行股票前往往利用会计处理增加发行期间的净利润，以提高公司声誉和股票发行价格，这种人为操作会造成股票发行后经营业绩滑坡和股票长期收益下降。兰格（Rangan, 1998）认为企业可以通过粉饰报告盈余来影响投资者对企业价值的判断，从而蒙骗投资者高价购买股票，而企业管理当局则从股票发行中获得私人收益。

④平滑收益。盈余管理还常常用来迎合投资者、财务分析师和有关管理部门对企业盈余的预期。事实表明，一旦公司的报告盈余低于财务分析师的预测，就会引发股价的大幅下跌；当公司盈余波

动过大时，易导致投资者对公司业绩产生疑虑。因此，公司管理当局往往会进行盈余管理，平滑盈余波动的幅度，向资本市场传递稳定的收益信息，给人以盈余稳定或稳中有升的感觉，使投资者对公司保持信心，支持公司股价的稳定和上升，从而给公司管理层、职工以及利益相关者带来好处。平滑收益的手段多采取“利润储存器”的形式。

巴哥泰勒和迪切夫（Burgstahler & Dichev，1997）发现公司管理当局为了保持良好声誉和避免法律纠纷，会利用盈余管理来提高盈余，迎合分析师的预测。阿巴巴奈尔和勒哈维（Abarbanell & Lehavy，1998）研究了分析师的股票买卖建议与盈余管理的方向之间的关系，他们发现为了符合分析师的盈余预测，那些分析师建议购买其股票的公司更有可能进行盈余管理；而分析师建议抛售其股票的公司更可能利用负的操纵性应计项目进行盈余管理。凯斯尼克（Kasznik，1999）也证明，当公司出现财务危机无法达到盈余预期时，通过调整操纵性应计项目提升报告盈余。梅尔斯和斯金纳（Myers & Skinner，1999）研究了盈余门槛对经理层的重要性，发现经理人员会通过平滑报告盈余达到盈余持续增长的目的，以满足预期。

（2）国内研究。在我国经济体制转轨时期，资本市场发展的整个过程都渗透着政府管制，在公司的上市、退市以及上市后的再融资行为中，监管部门对企业业绩水平都做出了严格、硬性的要求。因此国内盈余管理的动机体现了我国证券市场的鲜明特色。

①发行上市。哈罗尼等（Aharony et al.，2000）在研究发行 B 股与 H 股的 83 家企业 IPO 前后业绩波动情况时发现：发行人平均资产利润率在 IPO 前两年开始上升，在 IPO 当年达到顶峰，随后则呈现下降趋势。林舒、魏明海（2000）研究了 1992 ~ 1995 年 108 家 A 股公司 IPO 前后的业绩波动，发现业绩水平在 IPO 前两年和前一年最高，IPO 当年显著下降，这一现象主要是由盈余管理造成的。

②增发和配股。增发和配股是我国上市公司进行再融资的主要

途径，但再融资还必须达到规定的收益率标准。证监会 1996 年 1 月 24 日规定申请配股的公司，其前三年每年的净资产收益率均要大于 10%。蒋义宏（1999）、陈小悦等（2000）的实证研究表明，为了实现配股，上市公司的管理当局采取了盈余管理措施，形成我国股票市场独特的“10% 现象”。证监会 1999 年 3 月 24 日规定，申请配股的公司，其前三年平均净资产收益率大于 10%，每年净资产收益率大于 6%，这样上市公司的配股资格线降低为 6%，上市公司为了达到配股资格线，又进行了一番盈余管理的努力。陆宇建（2003）研究了我国 A 股上市公司 1993 ~ 2000 年净资产收益率的分布情况，指出上市公司财务呈报行为的变化与我国配股政策的演变有关，证明了我国上市公司存在较为严重的盈余管理现象。

③规避退市。按照《亏损上市公司暂停上市和终止上市实施办法（修订）》的规定，上市公司如果最近三年连续亏损，其股票将被暂停上市，在之后的法定期限内仍无法扭亏为盈，不再具备上市条件的，公司股票将被终止上市。在我国，公司的上市资格是一种稀缺资源。上市公司管理者为了避免亏损或连续三年亏损，往往进行盈余管理。陆建桥（1999）对上海证券交易所 1992 ~ 1997 年上市的亏损公司和微利公司进行比较，发现亏损公司在首次出现亏损的前一年度会调增收益，在亏损的第一年调减收益，在扭亏为盈的年度则调减收益。

④避税动机。我国税法体系较为特殊，流转税占政府税收收入的比重大约为 70%，而且流转税不需要依赖准确的会计记录，易于操作。另外，我国企业所得税虽然名义税率高，但税收优惠政策多，因而实际税率较低，虚报利润也不会增加太多所得税税负，所以出于避税动机进行盈余管理的成本也就较低。干胜道等（2006）对 2004 年微利公司的所得税税率进行统计发现，有一半的微利公司所得税负担小于 33%。一旦这些上市公司所得税税率为 33%，就会由微利转为微亏。税收优惠是其扭亏为盈的法宝之一，且税收

优惠比直接补贴具有更强的隐蔽性。

3. 盈余管理的手段

盈余分为操控性盈余和非操控性盈余。操控性盈余是常用的盈余管理手段。国内外的研究文献也发现，非经常性损益是盈余管理的常见手段。

阿巴巴奈尔和勒哈维（1998）研究发现，分析师建议抛售股票的公司更有可能利用负的操纵性应计项目进行盈余管理。凯斯尼克（1999）研究发现，不符合分析师盈余预测的公司会利用操纵性应计项目提升报告盈余。威廉·H·比弗等（William H. Beaver et al.，2003）对不同类型公司利用减值准备进行盈余管理进行了研究，发现公共公司和共同基金公司利用减值准备避免亏损，而私人公司则没有；不论公司财务状况健康与否，都利用非经常性项目进行了盈余管理以防出现亏损。皮克和泰伍皮克（Park，M. S. & Taewoo Park，2004）研究了盈余管理与内幕交易之间的关系，结果表明发生内幕交易的公司，在内幕交易之前，其当期应计项目要高于其他公司，内幕交易之后，公司的股价将会向下调整，由此也证明了公司经理层在进行内幕交易前会通过操纵应计项目以增加当期盈余来提高公司股价。

陆建桥（1999）研究亏损上市公司发现，在亏损的年份，大量存在利用非经常性损益调减利润的“洗大澡”行为，为来年脱离亏损实现盈利埋下伏笔；在扭亏为盈的年度，公司调增会计利润的手段一般是操纵性应计项目；该文还指出样本公司采用的盈余管理及利润操纵手段主要是营运资金的应计项目（存货等）和非经常性损益（补贴收入、关联交易等）。

魏明海（2000）明确指出盈余管理的手段之一就是运用非经常性损益，他在国内率先开展了非经常项目在盈余管理方面的研究。

1999 年起，我国要求上市公司年报单独披露非经常性损益情况。李常青、洪泳（2003）通过描述性统计分析，发现整体上看，

1999～2001 年沪市上市公司的非经常性损益普遍影响着公司净利润，但影响面和影响金额呈逐年减小的趋势。蒋义宏和王丽琨（2003）的研究认为，亏损上市公司的盈余管理行为客观存在，回避退市是它的动机，使用的手段则是控制非经常项目的交易时点，常常在首次亏损年度确认大量的非经常性损失，在扭转亏损年度则相反，确认巨额非经常性收益。魏涛等（2007）研究发现，非经常性损益是上市公司常用的盈余管理工具，无论是亏损公司还是盈利公司。亏损公司的目的是围绕是否亏损展开，也就是由亏转盈或避免亏损等；高盈利公司则是为了保持利润水平，一是不下滑，二是利润平滑。非经常性损益在盈余管理方面的作用远大于扣除非经常性损益后的非操控性应计利润。许文静（2009）统计分析了 2007 年沪市上市公司非经常性损益和上市公司经营业绩，发现非经常性损益并未导致利润质量下降，新准则实施后微利公司和 T 族公司利用非经常性损益调节利润的情况仍未好转。高雷和宋顺林（2010）以我国 373 家配股上市公司为样本，发现控股股东在配股前利用关联购销支持公司，调高业绩，这种支持很可能属于盈余管理行为。关联购销与可操纵性应计利润、线下项目负相关，且关联购销与线下项目的负相关关系在有配股盈余管理动机的公司更显著。

4. 金融资产盈余管理行为的研究

在新准则实施后，我国学者也注意到了利用金融资产进行盈余管理的现象，并展开了相关研究。

叶建芳等（2009）实证研究了新准则实施第一年金融资产初始分类情况和 2007 年的持有、处置情况。结果表明，在初始划分点，持有金融资产较多的公司倾向于将其划分为可供出售金融资产，以便为盈余管理和收益平滑提供“蓄水池”；在持有期间，盈利状况不好的公司，会处置可供出售金融资产进行盈余管理和平滑收益；盈利状况好的公司，则会选择继续持有。

孙蔓莉等（2010）同样研究了 2007 年上市公司金融资产分类

的决定性因素，设计“证券周转率”这一指标来推定管理者真正的持有意图，判断金融资产分类的恰当性。实证结果证明，公司将证券投资划分为可供出售金融资产的意愿随证券投资持有量的增多而增大。管理层对金融资产分类时，存在平滑业绩的动机。陈放（2010）以2007～2008年的A股上市公司为样本，主要以金融资产的分类选择权为对象进行了研究，实证研究发现：薪酬契约、债务契约、管理层风险偏好显著影响着上市公司的公允价值计量模式的选择。

温菊英（2011）实证研究了2007～2009年管理者对可供出售金融资产划分时是否含有盈余管理动机及其他综合收益和盈余管理水平的关系。研究发现，同等条件下，2007～2008年公司持有金融资产的比重与将金融资产划分为可供出售金融资产的比例正相关，2009年这种相关性减弱，从而认定其他综合收益的披露减弱了盈余管理的动机。每股其他综合收益越大，公司的盈余管理水平就越小，公司获得的超额回报也越小，即综合收益影响报表使用者的决策。

吴战篪（2009）选取2007年持有金融资产的上市公司为样本，研究发现，在2007年，控制了经济因素与规模因素后，上市公司利用证券投资收益进行了盈余管理，其动机是“扭亏”和“平滑利润”。陈威等（2011）则采用案例研究的方法，分析了两面针（600249）、钱江生化（600796）2007年年报和五矿发展（600058）2009年年报利用不同金融资产分类进行盈余管理的行为，指出目前准则对可供出售金融资产持有和出售的规定存在着盈余管理的空间和可能。

2.2.3 对文献的基本评析

1. 价值相关性研究简评

价值相关性研究的文献非常丰富，并从多个角度展开研究，与本书相关的研究文献表明：

（1）公允价值具有价值相关性。总体来看，大多数学者的研究支持这一观点。对于以公允价值计量的金融资产而言，多数学者也认为，它具有增量的价值相关性。

（2）综合收益是否具有增量的价值相关性，目前国外的研究还未取得共识。由于我国引入综合收益理念的时间还较短，目前对于综合收益价值相关性的研究也比较少。

（3）从国内研究价值相关性发展趋势的文献来看，会计制度的变革会导致价值相关性的变化。在我国，基本的趋势是会计制度的变革会带来净资产价值相关性的提高。这从侧面反映出，资本市场的投资者已不再单纯关注利润指标，因此相关会计规范回归资产负债观、引入综合收益理念，具备了一定条件。

但是，在以往的研究文献中，以金融资产为研究对象的，多是对金融资产的价值相关性与非金融资产的价值相关性做比较，尚没有针对股票投资价值相关性的研究。对于综合收益的价值相关性研究，尚缺乏对综合收益进行层层分解的比较研究。鉴于股票投资流动性强，投资行为和投资标的物对资本市场的影响更为直接，因此，下文中笔者将对股票投资的价值相关性展开研究。

2. 盈余管理研究简评

20 世纪 80 年代以来，盈余管理就成为公司金融领域最活跃的研究热点之一，出现了大量的研究文献。虽然没有形成权威的定义，但学者们普遍认为盈余管理对财务报告造成了影响。由于制度背景的差异，我国公司的盈余管理动机更能体现我国资本市场的鲜明特色。

关于新准则实施后金融资产与盈余管理关系的有关文献通过实证检验和案例分析，证实了新准则实施后上市公司存在利用金融资产进行盈余管理的动机和行为。这些研究一般以大范围的金融资产为研究对象，一般选取金融资产的划分为研究切入点，而且研究期间都较短，多数集中在 2007 年。笔者认为，在股权分置改革尚未全部完成的 2007 年，上市公司持有的金融资产既有股权分置改革中持有的股权，也有参与其他上市公司融资取得的金融资产。而财政部规定（企业会计准则解释第 1 号）企业在股权分置改革过程中持有的金融资产，应作为可供出售金融资产进行管理，企业并不具有选择权。因此笔者认为这种研究的切入点尚值得商榷。在下文中，笔者拟延长研究期间，避免以偏概全；并从综合收益的角度对上市公司利用股票投资进行盈余管理的行为进行研究。

2.3 本章小结

本章主要对综合收益理论、公允价值会计理论和交叉持股理论进行了阐述分析；并对国内外已有的价值相关性文献和盈余管理文献进行了回顾分析。

综合收益分为净收益和其他综合收益两大类。综合收益理念是会计“收益”理念从资产负债观到收入费用观，再到资产负债观这一发展变迁的产物。在收益计量观念上，它强调资产负债观；在资本保全观上，强调财务资本保全观；在会计目标定位上，强调决策有用观。综合收益适应了由历史成本计量向公允价值计量的转变。目前各国的准则制定机构开始转向研究综合收益的确认、计量及其披露，而相对研究较多的，是如何披露综合收益。

公允价值立足于当前实际发生的市场交易价格，在相关性上优于历史成本。在反映企业的真实价值方面，公允价值信息也具有一定的可靠性。综合收益概念的运用为公允价值会计的实践提供了内在的动力。

交叉持股是一种复杂的企业投资行为，一般是指将全部企业作为一个整体，存在的一个公司购买（持有）其他公司股票（股权）的状况。第二次世界大战后，日本的交叉持股最为繁盛。交叉持股是一把双刃剑，对资金的调度、股票的自由流通或多元化经营，有一定程度的帮助；但它也可能虚增资本，妨碍证券市场正常交易秩序。

国内外已有的价值相关性研究文献较多。在公允价值是否具有相关性方面，实证研究尚有争议；综合收益是否比会计收益具有更强的价值相关性，也存在不同的研究结论。多数的研究表明，新准则实施后，价值相关性得到增强。但是对综合收益进行层层分解，并比较其价值相关性差异的文献比较少见。

盈余管理是会计界长盛不衰的研究议题，国外文献一般将盈余管理的动机归纳为报酬契约动机、债务契约动机、资本市场动机、政治成本和激励动机等，而我国企业的盈余管理行为一般紧紧围绕企业发行上市、增股配股、避免退市等资本市场表现展开，盈余管理手段也复杂多样。目前研究证券投资行为盈余管理的文献一是研究对象宽泛，以证券投资或整个金融资产为研究对象；二是研究期限一般都比较短，大多数为一年，而缺少对较长时期内的连续研究。

第 3 章

我国上市公司股票投资行为的历史变迁分析

上市公司的投资行为受企业会计准则的影响，又由于股票是特殊的投资标的物，股票投资行为毫无疑问地受到股票供给状况的影响。所以，会计准则的规范、资本市场的兴衰、国家相关的制度规定，都是上市公司股票投资行为的风向标。

我国的资本市场，从 1990 年起步到 2009 年，经历了 20 年的发展。其发展的轨迹可以用图 3－1 表示。

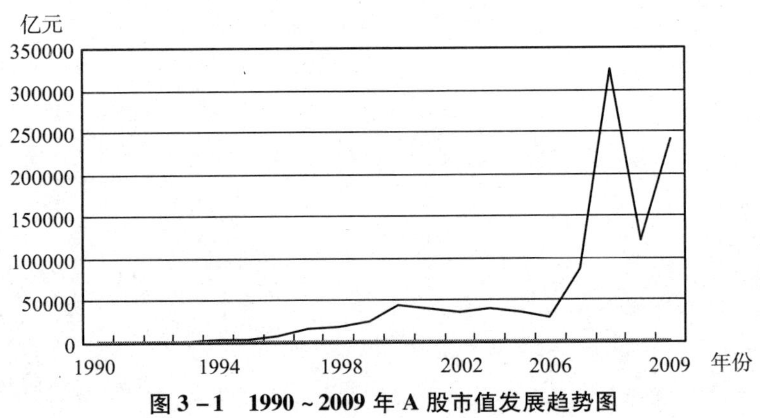

图 3－1　1990～2009 年 A 股市值发展趋势图

从图 3－1 可以看出，自 2007 年以后，A 股市值增长较快，而且比以前年度的波动幅度也更大。虽然 2006 年资本市场融资功能恢复，部分已完成股权分置改革的公司其限售股票已可流通，但此时会计计量上未采用公允价值计量属性。而 2007 年开始实施的新企业会计准则与原有准则相比，对股票投资在分类尤其是计量属性等方面存在很大差异，因此本章选择新会计准则实施为分界点，主要研究上市公司股票投资行为的历史变迁情况。

此外，如前文所述，笔者认同广义交叉持股的界定，本书所指的交叉持股也是广泛意义上的交叉持股。由于两两间相互持股的公司毕竟是少数，这样便扩展了本书的研究范围，使本书的研究不仅仅局限于上市公司两两间的相互持股。而研究上市公司的交叉持股，将较难获得详细数据的非上市公司排除在研究范围之外，从而更具有针对性和精确性。

3.1 新准则实施前我国上市公司股票投资状况分析

3.1.1　2007 年以前会计规范和资本市场背景

为了深化国有企业改革和进行股份制改造，加强企业间的联合与协作，克服当时我国企业普遍存在的“小而全”、“大而全”、重复建设、缺乏规模效应等弊端，政府和理论界倡导企业间交叉持股。1990 年 5 月，国务院在批转的《关于在治理整顿中深化企业改革强化企业管理的意见》中提出：企业间相互参股、持股的股份制，要积极试行。由于相互持股与股份制改造具有天然联系，早期的交叉持股大多发生在股份公司（含上市公司）中。

1984 年 11 月，我国第一家公开发行股票的企业——上海飞乐音响股份公司成立，“飞乐音响”自此成为中国第一股。1985 年 1 月，上海延中实业有限公司成立，公司资本全部是以股票的形式向社会筹集得来，成为第一家公开向社会发行股票的集体所有制企业。1990 年 12 月 19 日，上海证券交易所开业，当时上市交易的仅有 8 只股票，被人们称为“老八股”①。1991 年 7 月 3 日，深圳证券交易所正式开业。

此后，中国的上市公司队伍逐步发展壮大。作为一种投资方式，上市公司的股票投资也经历了从无到有的发展过程。越来越多的企业开始参与股票投资，或申购新股，或进入二级市场直接投资，使企业的闲置资金发挥最大的效益。而会计准则对股票投资行为计量属性、会计处理等规定的演变，以及资本市场的制度约束，直接影响着股票投资行为的兴与衰。

1999 年 7 月 29 日，证监会发布了《关于进一步完善股票发行方式的通知》（证监发行字〔1999〕94 号）。通知中指出，股本总额在 4 亿元以上的公司，发行股票的方式有两种：对一般投资者上网发行、对法人配售。在同一时间，法人只能在这两种方式中选择其一。法人分为两类，一类是“战略投资者”，与发行公司业务联系紧密而且计划长期持有发行公司股票；一类是一般法人，与发行公司没有紧密联系。如果法人参加配售，那么该法人与发行公司不能有股权关系，或者不能属于同一企业集团。每一个配售对象所得的配售股份不能超过发行公司发行在外普通股总数的 5%，绝对数上一般不少于 50 万股。同时还有限售期的规定，一般法人所得的配售股票，自该公司股票上市之日起 3 个月后才可上市流通，对战略投资者配售的股票应在配售协议中约定的持股期满后才可上市流通，约定的持股期至少 6 个月。

同年 9 月 8 日，证监会又发布了《关于法人配售股票有关问题的通知》（证监发行字〔1999〕121 号），解除了之前国有企业、国有控股公司和上市公司（以下简称“三类公司”）不准购买流通股的禁令，其中规定，三类公司所开立的股票账户，可用于配售股

---

① 这 8 只股票是：延中实业、电真空、飞乐股份、飞乐音响、爱使电子、申华实业、豫园商场、浙江凤凰。

票，也可在二级市场上购买股票。对于申购配售股票的资金来源，则要求国有企业、国有资产控股企业不得使用从金融机构取得的各类长短期贷款、外国政府贷款、外国商业贷款和财政周转金购买配售的股票；上市公司不得使用募股资金和从金融机构取得的各类长短期贷款、外国政府贷款、外国商业贷款购买配售的股票；不得非法利用他人账户或资金进行申购，也不得违规融资或帮助他人违规融资申购。在交易时间方面，要求在二级市场买入又卖出或卖出又买入同一种股票的时间间隔不得少于 6 个月，这一限制能防范企业的投机行为，却带来了股票投资到底是长期投资还是短期投资的会计确认问题。

2006 年以前的会计准则和会计制度对于企业投资都采取了以期限长短为划分标准的分类方法，即投资分为短期投资和长期投资，在长、短期投资中又以投资的性质再进行划分，分为股权投资和债权投资。

1993 年发布的《企业会计准则》规定短期投资以取得时的成本作为期末计价的标准，也就是采用历史成本计量。1998 年发布的《企业会计准则——投资》规定，“短期投资的期末计价采用成本与市价孰低”。同时规定企业拟改变原持有意图时，可以将短期投资重分类为长期投资，但长期投资不能重分类为短期投资。

2001 年，财政部颁布新的适用于各行各业的《企业会计制度》，规定投资者持有的短期投资，在会计期末应按照成本与市价孰低的原则，按其差额计提“短期投资跌价准备”。财政部在同一年还修订了《企业会计准则——投资》，其中第九条规定，“持有的短期投资，在期末或者至少在年度终了时应以成本与市价孰低计价，并将市价低于成本的金额确认为当期投资损失”。对于市价的界定与 1998 年《投资》准则规定相同。如果认为我国上海和深圳证券交易市场都是活跃市场的话，那么该市价就可以被认为是证券投资的公允价值。

在期末按成本与市价孰低原则对短期投资进行确认与计量，这种模式实质上是一种不完全的公允价值模式。当证券投资的期末市价低于其摊余成本时，要按其差额计提短期投资跌价准备，即短期投资的期末账面价值实质上就是期末市价（即公允价值）；而当证券市价高于其摊余成本时，则不计提短期投资跌价准备，此时短期投资的期末账面价值实质上又变为其摊余成本。所以短期投资的期末账面价值始终不会突破摊余成本这个“天花板”；从损益角度来讲，当市价低于成本时，要确认其价值变动损失；反之，在市价高于成本时，则不确认其价值变动收益。只有在处置时，才将处置收入与短期投资账面价值的差额确认为当期投资损益，同时结转已计提的短期投资跌价准备。

按照旧准则的规定，在上市公司持有股票投资的期间，市价的上涨并未对上市公司的业绩和资产负债状况造成影响，从而不会影响其在资本市场上的表现；相反，市价下跌，则会造成当期盈余和资产账面价值的减少。所以从会计处理的角度可以推断，上市公司并没有太强烈的“热情”进行股票投资。

3.1.2 新准则实施前上市公司股票投资概况

笔者在万得（Wind）资讯数据库中查找到沪深主板市场在2004~2006年年报中披露交叉持股的上市公司，那时上市公司一般将其持股状况按性质或期限分为“大股东”、“流通股东”、“长期投资”、“短期投资”。笔者逐一查找了这些上市公司的持股性质或持股期限，并作出统计。因为流通股东持股和短期投资持股对上市公司不具有控制权，而且变现能力都比较强，在性质上与本书所研究的股票投资相同，因此笔者将二者视为同一类，称为“股票投资”。统计结果如表3-1所示。

2004年末沪深主板上市公司有1339家，其中交叉持股上市公司有400家，约占29.87%。除1家未披露其持股性质或期限外，只有100家公司含有“股票投资”，占交叉持股上市公司的

25.06%；其余 299 家公司则作为大股东持有其他上市公司股权或对其他上市公司进行了长期股权投资。在 100 家进行股票投资的公司中，4 家为金融保险行业公司，96 家为非金融保险行业的公司。在非金融保险行业的公司中，持有股票投资的公司占该行业交叉持股公司的 24.56%。

表 3－1　　2004～2006 年交叉持股上市公司持股状况　　单位：家

年份	全部行业公司				金融保险行业公司		其他行业公司	
	总数	未披露投资性质	有效样本	含股票投资	总数	含股票投资	总数	含股票投资
2004	400	1	399	100	8	4	391	96
2005	411	3	408	90	8	3	400	87
2006	466	0	466	94	8	2	458	92

2005 年末沪深主板上市公司有 1342 家，其中交叉持股上市公司共 411 家，披露了其投资性质的有 408 家：只有 90 家公司含有“股票投资”，占有效样本（披露了持股性质的交叉持股上市公司）的 22.06%，其余 318 家公司则作为大股东持有股权或对其他上市公司进行了长期股权投资。在 90 家进行股票投资的公司中，3 家为金融保险行业公司，87 家为非金融保险行业的公司。在非金融保险行业的公司中，持有股票投资的公司占该行业交叉持股公司的 21.75%。

2006 年末沪深主板上市公司有 1356 家，当年交叉持股上市公司共 466 家，全部披露了其投资性质：只有 94 家公司含有“股票投资”，占有效样本（披露了持股性质的交叉持股上市公司）的 20.17%，其余 372 家公司则作为大股东持有股权或对其他上市公司进行了长期股权投资。在 94 家进行股票投资的公司中，2 家为金融保险行业公司，92 家为非金融保险行业的公司。在非金融保险行业的公司中，持有股票投资的公司占该行业交叉持股公司的

20.09%。

从以上统计可以看出，在2004～2006年间，进行股票投资的上市公司较少，占全部交叉持股公司的20%～25%，此时的交叉持股还是以战略型的长期投资持股为主。统计结果也验证了笔者前面的推论，即在市价与成本孰低计价方法下，上市公司的管理层对股票投资并没有多少兴趣。从2005年下半年开始，A股市场出现了新一轮的牛市，估值一路上扬，但是市场行情转好并没有对上市公司的股票投资带来多少影响，进行股票投资的上市公司数量没有异常变化。2004～2006年间进行股票投资的公司数偏少的另一主要原因则是股权分置改革尚未启动或仅有少数公司进行了股权分置改革，因而大多数交叉持股公司所持的其他公司股份还是不可上市流通的非流通股。

3.2 我国上市公司股票投资行为现状分析

以新会计准则的实施为分界点，笔者接下来对2007年及以后的上市公司股票投资行为进行分析。

3.2.1 2007年以后会计准则和资本市场背景

2006年发布的企业会计准则取消了投资准则，取消了对投资业务的长短期分类方法，在“长期股权投资”准则和有关“金融工具”方面的准则中规范企业投资业务（不考虑投资性房地产）的会计处理。与此相应，“短期投资”和“短期投资跌价准备”科目被取消，其核算内容由“金融工具确认和计量”准则予以规范，会计科目被“交易性金融资产”、“可供出售金融资产”和“可供出售金融资产减值准备”取而代之。新准则参照国际会计准则第39号《金融工具：确认与计量》中对金融工具的分类和计量方法，将金融资产按照管理者的持有意图分为贷款和应收款项、持有至到期投资、交易性金融资产和可供出售金融资产等四类，并对各类证券的后续计量、未实现持有利得（损失）及减值采取不同的处理方式。依照新准则的规定，股票投资可以归类为交易性金融资产或可供出售金融资产。此外，新准则还改变了股票投资的计量属性。

2006 年新股发行得到了恢复，上市公司进行股票投资的选择范围进一步扩大。2005 年开始的股权分置改革也为资本市场上的股票流通创造了条件。

会计准则带来了计量属性和计量方式的根本变革，资本市场的相关制度又提供了股票可以自由交易的便利，这一切都催生了上市公司股票投资的热情。在按照历史成本计价或成本与市价孰低法计价时，交叉持股类上市公司所持股票的市值变化反映不到净利润或净资产中。而按照新会计准则采用公允价值计量方法，如果处置股票投资将会提升净利润；如果选择继续持有，所持股票的价值变化将会改变净利润或净资产，对持股公司的业绩和市场表现仍会产生影响。同时，上市公司对于相关股权投资的分类将直接影响公司业绩，如果将所持其他上市公司的股票作为交易性金融资产进行管理，市值变化产生的未实现损益将被计入净利润；如果作为可供出售金融资产进行管理，未实现损益则仅计入资本公积，以后处置时再转入净利润。

尽管交叉持股上市公司有的因所持股份处于限售期尚未解禁，有的所持股上市公司尚未进行股改，所持股份的自由流通受到一定限制，但其投资价值将随着时间的推移逐步凸显出来。按照财政部会计准则委员会的规定（《企业会计准则解释第 1 号》和《企业会计准则解释第 3 号》），股改限售股和 IPO 限售股应划分为可供出售金融资产。一般限售股的取得成本都很低，划入可供出售金融资产后按照公允价值计量，必将随着股价的波动形成账面浮动盈余或亏损，暂时计入资本公积中。除非急需资金或有其他特殊情况，持股企业一般都会在股价高于取得成本时才出售，这时所有账面浮盈将转入投资收益。售价与投资成本的差额就是上市公司股票投资损益的主要来源。

3.2.2 新准则实施后上市公司股票投资概况

1. 上市公司股票投资的诸多案例

新准则的实施会给上市公司业绩带来哪些变化？作为新准则实施后的第一份对外公开财务报告，2007 年第一季度的季报自然吸引着人们的注意力。岁宝热电（600864）、雅戈尔（600177）等许多上市公司因减持到期解禁的限售股，使其 2007 年一季报的业绩大增（李玉亭，2007）。由此开始，上市公司的股票投资行为引起了人们的关注，对上市公司股票投资行为的研究也兴盛起来。在每一次季报披露前后，这些交叉持股的上市公司业绩都会成为市场关注的焦点。

2007 年中期，南京高科（600064）实现投资收益 7200 多万元，占利润总额的 66%，投资收益都来自于参股公司的利润分配及其损益调整。长江电力（600900）在 2007 年上半年出售中国建设银行股份有限公司 4 亿股股票，从中获得投资收益 11. 81 亿元，同比激增 33 倍。海马汽车（000572）2007 年上半年实现投资收益 2. 26 亿元，同比增长了 450 多倍，其中股票收益就达 2. 19 亿元。

2007 年年报，南京高科（600064）再次引起了人们的关注，它持有的可供出售类金融资产最多，参与了中信证券的增发，它参股的公司中信证券、南京银行等陆续上市，致使其可供出售金融资产高达 82. 61 亿元，由此产生的账面浮盈达到 75. 78 亿元。大唐发电（601991）、中集集团（000039）、西水股份（600291）在 2007 年年末的账面浮盈数额也很大，超过 30 亿元，得益于持有大秦铁路（601006）原始股或持有上市银行股权。

2008 年 4 月 8 日，中金公司就上市公司投资收益专门发布了投资策略报告。按中金公司的统计，其所观察的非金融类公司就持有约 916 亿元的可供出售金融资产，占这些公司所持总金融资产的 89%，而当时市场整体水平是 44%。截至 2007 年年末，上述 916 亿元的可供出售金融资产产生了超过 550 亿元的账面浮盈，资产升值的幅度超过 150%（王小明，2008）。

2008 年 1 月 21 日发布的《财政部关于做好上市公司 2007 年年报工作的通知》称，2007 年是新会计、审计准则体系全面实施的第一年，要“切实防止上市公司 2007 年净利润和净资产同比出现非合规波动现象”。《通知》列举了十项需要关注的重点项目，其中包括投资收益、公允价值变动收益、金融资产的分类基础及持有金融资产的具体分类情况等。

2008 年资本市场不景气，上市公司的交叉持股也引起了研究者的担忧。王巍峰（2008）对 2008 年一季报进行了研究，314 家非金融类公司的持股市值在 2008 年一季度减少了，有 60 家公司的市值损失在 5000 万元以上，其中 43 家公司损失超过 1 亿元，17 家公司超过 5 亿元，雅戈尔（600177）、亚泰集团（600881）、中国远洋（601919）等 7 家公司持股市值减少了 10 亿元以上。雅戈尔（600177）的持股市值如果以 2008 年 2 月 15 日收盘价计算，达到 142.29 亿元，在非金融类公司中居于首位；该公司在 2008 年一季度持有的 10 只股票中仅 2 只实现了股价增长，是因股票投资损失最大的公司。佛山照明（000541）一向有“现金奶牛”之称，2007 年一季度的净利润曾达到 1.2 亿元，2008 年一季度却亏损 7000 万元，“罪魁祸首”就是该公司的股票投资（包括基金投资）亏损了 1 亿元。

在 2006 年、2007 年的牛市行情中，参与股票投资的上市公司获利颇丰，少数上市公司的投资业绩远远超过了主业的经营业绩，俨然成了“投资公司”。投资收益成为众多公司最主要的利润来源，正是在这种赚钱效应的带动下，许多上市公司纷纷跟着跳进股市。然而，股市风云莫测，从 2007 年 10 月起，开始见顶回落，当时的股指高点达到6124点；进入2008年后，下跌幅度加大，股指最低时是2008年8月19日的2284点，与高点相比大跌了62.7%。面对股市的大幅下跌，许多参与股票投资的上市公司尤其是跟风进行股票投资的公司自然难逃亏损的命运。

比如两面针（600249），净利润在2007年中期时为1.6亿元；2008年中期猛降至0.35亿元，主要原因是2007年公司处置了中信证券的股权，所以当年业绩大幅增加。业绩巨大变化的直接影响是公司股价的大幅走低。该公司2007年的最高股价是67.09元，而2008年上半年的最低股价是5.65元（复权价为17.35元），跌幅高达74%，远远超过大盘的跌幅。

当然，股票市场中也不乏巧妙利用股票投资赚得一桶金，并实现华丽转身的例子。华东电脑（600850）主营IT产品，该公司选择在大盘处于历史高位时抛售所持上市公司股票，使得公司业绩出现快速增长，2007年其投资收益高达2512.33万元。更重要的是，华东电脑将从股票上获取的投资收益用于支持主营业务的发展，2008年第一季度主营收入同比增长83%，由于资金流大部分用在满足主营业务需求上，股票投资只是略有亏损。

因此，许多学者提醒上市公司注意交叉持股的风险，称其为“带刺的玫瑰”。上市公司的交叉持股带来的是“一荣俱荣、一损俱损”的关系，既能推动股市加快上涨，亦可能使股市快速下跌。交叉持股的存在使市场与业绩之间形成自我强化机制。在新会计准则实施后，这种机制表现为“股价上涨→市值增加→上市公司净资产、每股收益等大幅度改善→股价大幅上涨”，这在一定程度上成为牛市形成的逻辑。牛市之后，只要某一行业上市公司的业绩下降股价下跌的话，交叉持股必然会使其他上市公司业绩下降，于是整个过程将发生逆转，市场风险将集中爆发。

2. 新准则实施后上市公司股票投资的统计分析

笔者同样在万得（Wind）资讯数据库中查找到沪深主板市场

上在 2007～2009 年年报中披露交叉持股情况的上市公司。此时，上市公司对其持股状况的分类已经发生改变，按现行准则分为"交易性金融资产"、"可供出售金融资产"、"长期股权投资"。笔者逐一查找了这些上市公司的持股性质，并作了统计。多数公司按照新准则的规定，披露为"交易性金融资产"、"可供出售金融资产"或"长期股权投资"，但也有公司未直接披露其投资类型，而是披露了对每一个上市公司的"投资金额"、"持有数量"或"持有比例"，笔者据此对其投资类型做出判断。

按照《企业会计准则——长期股权投资》的规定，投资企业直接或间接拥有被投资单位 20% 以上但低于 50% 的表决权股份时，一般认为对被投资单位具有重大影响，应视为对联营企业投资，作为长期股权投资。如果拥有股份的比例低于 20%，一般认为对被投资单位不具有重大影响。

2007 年 11 月 11 日发布的《企业会计准则解释第 1 号》规定：企业在股权分置改革过程中持有的股权，在对被投资单位没有形成控制、共同控制或重大影响的情况下，作为可供出售金融资产，并在首次执行日追溯调整。

财政部 2009 年 6 月 10 日发布了《企业会计准则解释第 3 号》，规定企业持有上市公司限售股权，除了股权分置改革中持有的以外，如果对上市公司不具有控制、共同控制或重大影响，应作为可供出售金融资产或以公允价值计量且其变动计入当期损益的金融资产进行管理。

在股权分置改革时期，还产生了"大非"、"小非"的说法。证监会 2005 年 9 月 4 日颁布的《上市公司股权分置改革管理办法》第 27 条规定，股改后公司原非流通股股份，自改革方案实施之日起，有 1 年的限售期；原非流通股股东，如果持有上市公司股份总数 5% 以上，在限售期之后，出售股份的数量占该公司股份总数在 1 年内不超过 5%，在 2 年内不超过 10%。

大非、小非虽然没有明确严格的定义，但由此规定衍生出了大小非之分，一般认为，“小非”是指持股占上市公司总股本量在5%以下的限售股，在股改完成的1年后即可上市流通，且不需公告就可以套现；而“大非”指的是占上市公司总股本5%～10%的限售股，股改完成2年后方可上市流通。

从以上规定可以看出，企业会计准则及其解释系列对于所有限售股权的分类，均以是否具有控制、共同控制或重大影响作为会计分类的界限，即可供出售金融资产与长期股权投资之间的划分界限为持股低于或高于20%；而证监会针对股权分置改革限售股的管理办法中，只对持股10%及以下做出规定，并未明确超过10%以上的如何处理。

2007年6月29日，证监会在《公开发行证券的公司信息披露内容与格式准则第3号——半年度报告的内容与格式（2007年修订)》（证监公司字〔2007〕100号）中强调，“公司应当对持有其他上市公司股权、参股商业银行、证券公司、保险公司、信托公司和期货公司等金融企业股权，以及参股拟上市公司等投资情况进行重点披露，包括最初投资成本、持股比例、期末账面值等情况”。但现实情况是，许多上市公司在其财务报告中，并未详细披露持股比例、最初投资成本等信息；对所持有的限售股权并未做出统一的、明确的披露，投资者无从了解其持有的是限售股权还是可自由流通股权，更没有统一的信息来源可据以判断限售股权是股权分置改革过程中的限售股权还是其他限售股权。因此本书在做相关判断时，均将持股比例大于20%的判断为长期股权投资，20%及以下的为交易性金融资产或可供出售金融资产。因为这两种金融资产对上市公司不具有控制权，而且变现能力都比较强，在性质上与本书所研究的股票投资相同，因此笔者将二者视为同一类，称为“股票投资”。

按照以上所述标准进行统计，结果如表3－2所示。

表 3－2 2007～2009 年年报交叉持股上市公司持股状况 单位：家

年份	全部行业公司			金融保险行业公司		其他行业公司	
	总数	含股票投资	全部为长期股权投资	总数	含股票投资	总数	含股票投资
2007	493	449	44	22	22	471	427
2008	500	476	24	22	22	478	454
2009	493	464	29	23	23	470	441

2007 年年末沪深主板上市公司有 1382 家，其中交叉持股上市公司共 493 家，占主板公司的 35. 67%。只有 44 家公司对其他上市公司的投资全部为长期股权投资，其余 449 家全部含有“股票投资”，占交叉持股公司的 91. 07%。22 家金融保险行业的公司均含有股票投资。在 471 家非金融保险行业的公司中，持有股票投资的公司为 427 家，占该行业交叉持股公司的 90. 65%。

2008 年年末沪深主板上市公司有 1388 家，其中交叉持股上市公司共 500 家，除了 24 家公司对其他上市公司的投资全部为长期股权投资之外，其余 476 家全部含有“股票投资”，占交叉持股公司的 95. 2%。22 家金融保险行业的公司均含有股票投资。在 478 家非金融保险行业的公司中，持有股票投资的公司为 454 家，占该行业交叉持股公司的 94. 98%。

2009 年年末沪深主板上市公司有 1397 家，其中交叉持股上市公司共 493 家，只有 29 家公司对其他上市公司的投资全部为长期股权投资，其余 464 家全部含有“股票投资”，占交叉持股公司的 94. 12%。23 家金融保险行业的公司均含有股票投资。在 470 家非金融保险行业的公司中，持有股票投资的公司为 441 家，占该行业交叉持股公司的 93. 83%。

从表 3－2 可以看出，新准则实施后的三年与实施前的三年相比，上市公司进行股票投资的行为有了大逆转，由以前的大多数交叉持股公司不进行股票投资，改为目前的绝大多数交叉持股公司持有股票投资。

考虑到2007年以后，越来越多的上市公司逐步进行股权分置改革，上市公司持有的股权获得了可以自由流通的权利，而且受公允价值计量的影响，上市公司的股票投资换手率要高于之前的时期（2004～2006年），单纯分析年报数据不一定具有足够的代表性，因此笔者试图对2007～2009年3年间交叉持股上市公司季报、半年报和年报的数据进行统计分析，以便更为全面详细地研究交叉持股的变动情况和趋势。但是在Wind数据库中没有2007年第一季报交叉持股公司数据，2009年一季报和三季报数据也缺失，季报数据缺失严重，所以本书无法对交叉持股在季度间的变动情况进行研究分析，只能选择以半年为研究的时间单位，对这三年间交叉持股公司的变化情况做出统计。统计结果如表3－3所示。

表3－3　2007～2009年中报及年报交叉持股上市公司持股状况 单位：家

年份	全部交叉持股公司			金融保险行业公司		其他行业公司	
	总数	含股票投资	全部为长期股权投资	总数	含股票投资	总数	含股票投资
2007中报	470	297	173	11	11	459	286
2007年报	493	449	44	22	22	471	427
2008中报	505	496	9	20	20	485	476
2008年报	500	476	24	22	22	478	454
2009中报	471	446	25	22	22	449	424
2009年报	493	464	29	23	23	470	441

从以上统计可以看出，交叉持股上市公司在2007年中期至2008年中期呈现出增多的趋势，这与新会计准则实施、股票市场的制度放开及股票市场的大牛行情有关；2008年中期以后则呈减少趋势，至2009年中期达到最少值，这可能是受股市大幅下跌的影响。再按交叉持股公司的持股类型来分析，进行股票投资的公司

经历的发展过程与上述大致一样。在 2007 年中报中，只有 63. 19% 的交叉持股公司进行了股票投资，这可能因为新准则刚实施半年，而且许多公司尚处在股改过程中。此后，许多公司放弃了对长期股权投资的选择，纷纷改为股票投资，至 2008 年中期，98. 22% 的交叉持股公司进行了股票投资。此后逐步下降并比较平稳，该比例大约为 94% ~95%。

对于金融保险行业的交叉持股上市公司，其数量基本趋势是增多的。而且金融保险行业的持股都是股票型投资。非金融保险行业的上市公司其交叉持股发展趋势如图 3 – 2 所示。

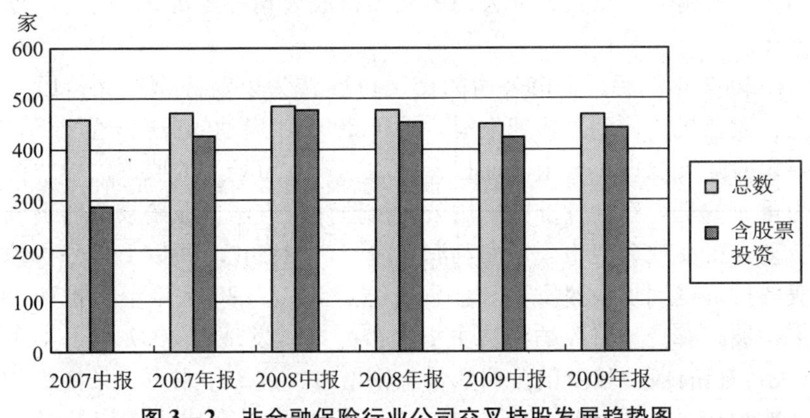

图 3 – 2　非金融保险行业公司交叉持股发展趋势图

从表 3 – 3 和图 3 – 2 可知，非金融保险行业公司的数量略有变化，2008 年中报时达到最大值 485 家，2009 年中报时最低，449 家。在这些公司中，持有股票投资的峰值仍是 2008 年中报，而 2007 年中报最低，仅有 286 家，占比 62%。

3. 3 本章小结

上市公司的交叉持股行为受会计准则的规范、资本市场的兴衰、国家相关制度的规定等多方面因素的影响。我国企业的交叉持股是为了深化国有企业改革和股份制改造，加强企业间的联合与协作而发展起来的。本章以2007年新会计准则实施为分界点，研究了我国上市公司股票投资行为的历史变迁情况。

2007年之前，上市公司的交叉持股以战略型交叉持股为主。这一方面是由于1999年以前，在制度上还不允许上市公司购买流通股；另一方面也是最为关键的，2007年以前的会计准则或会计制度都对股票投资采用历史成本计价或成本与市价孰低计价方法。本章研究了2004～2006年每年年末有交叉持股的深沪主板上市公司，发现持有股票投资的公司占交叉持股公司不足1/3，而且比较稳定。

2007年以后，上市公司的交叉持股转为以财务型交叉持股为主，股票投资得到了快速发展。由于2005年启动的股权分置改革，限售股陆续取得了自由流通权，增加了资本市场上的股票供给。更为重要的是，新会计准则采用公允价值计量方法，股票投资的价值变动直接反映为上市公司净利润和净资产的变化。所以上市公司的股票投资得到了快速发展。本章研究了2007～2009年半年报和年报中披露有交叉持股的深沪主板上市公司，发现自2007年下半年开始，持有股票投资的公司数量急剧增多，这3年来占交叉持股公司数约95%。这表明，新准则实施后，股票投资成为上市公司较常见的现象。

第 4 章

我国上市公司股票投资行为影响因素研究

本章的研究目的是分析影响上市公司股票投资行为的因素。影响因素不外乎两大方面，一是上市公司所处外部环境的变化，如股票市场的行情走势与股票投资行为息息相关；二是上市公司自身的财务状况、治理情况等。

从企业财务管理的角度看，企业财务战略关注的焦点是企业资金流动。这是财务战略与其他战略的本质区别。企业财务战略的目标是谋求企业资金均衡、有效地流动和实现企业总体战略。财务战略得当，就能够使企业资金长期均衡有效地流转、配置，这样才能增加企业整体的价值，有效地实现企业其他方面的战略。

股票投资具有流动性强，风险高，收益获得期限短的特点。有学者认为其挤占了上市公司的实业投资，金融投资虽然能在一定程度上改善上市公司财务状况，但并不能直接提升企业的产业竞争力和自主创新能力（周伟贤，2010）。笔者认为，股票投资具有双面性，众多的投资者和学者都只关注了其“助涨助跌”的负面效应；但这种投资行为也有其积极的一面，如果股票投资决策得当，能够提高企业现金流的使用效益，既能获得一定的收益，又充分利用了闲置的现金流，实现了企业财务战略的目标。

4.1 影响因素研究的理论分析

4.1.1 投资理论简述

从财务角度看，投资决策是指公司在给定资本约束情况下对可能的投资项目进行有效选择，以使其投资收益最大。由于投资决策作为公司成长的主要动因和未来现金流量增长的重要基础，它将直接影响公司的融资决策和股利决策，由此影响公司的经营风险、盈利水平以及资本市场对其经营业绩和发展前景的评价。因此，就价值创造而言，投资决策是公司三大财务决策中最重要的决策。按照投资对象的不同，投资可以分为实物投资和金融投资。

早期的企业投资理论主要包括克拉克（M. T. Clark）的加速器投资理论、杜森柏瑞（Dusenbery）的流动性投资理论、约根森（Jorgensen）的新古典投资理论和托宾（Tobin）的 Tobin's Q 理论。这些分析都假定企业投资是可逆的，并且可以自由地借入和贷出资金。在突破了早期理论的假定之后，现代投资理论认为，低效率的投资表现为投资过度和投资不足。

1. 委托代理理论与投资行为

委托代理关系的存在，使代理冲突不可避免。当经理人和股东的激励不相容时，经理人可能投资于非价值最大化的项目。因此，对于那些具有较高代理成本的企业来说，投资与企业的成长机会之间并没有紧密的相关性。企业进行投资决策的出发点并不是为最大化企业市场价值，而是寻求最大化企业规模，从而可能导致企业非效率投资。代理冲突将导致企业的过度投资和投资不足。

2. 融资约束理论、自由现金流理论与投资行为

融资约束理论认为当经理受到内部资金约束时，由于资本市场上的信息不对称、逆向选择问题，外部融资成本往往要高于内部资金成本，于是投资通常低于最佳水平（Jensen & Meckling，1976；Myers，1977；Myers & Majluf，1984；Hubbard，1998）。杰森（Jensen，1986）提出自由现金流理论，将自由现金流量（Free Cash Flow）定义为公司所持有的超过投资所有净现值为正项目所需资金的剩余现金。自由现金流会影响企业的投资行为。自由现金流理论还认为，当企业拥有过多的自由现金流时，企业帝国建立的偏好使经理们将剩余资金投资到能够扩大企业规模的非盈利项目，从而导致企业投资过度（Jensen，1986，1993）。

3. 股东—债权人利益冲突与投资行为

20 世纪 70 年代，国外开始了对股东—债权人利益冲突问题的系统研究。杰森和麦克林（Jensen & Meckling，1976）以及迈尔斯（Myers，1977）在对代理成本的研究中发展了该问题，提出股东—债权人冲突对投资决策会产生两大影响，即过度投资与投资不足。负债的增加同时也增加了债权人和股东及管理者之间的代理冲突，由于债权人不可能完全监督管理者的经营行为，管理者可能会牺牲债权人利益而投资于风险更大、回报更高的项目，从而表现为过度投资。负债融资也可以导致企业投资不足，一方面是过高的负债水平对新债权人失去了吸引力，企业难以继续吸收债务资金，出现资金不足；另一方面负债的增加会增加企业的破产风险，削弱了企业对好项目投资的积极性，出现投资不足。

股票投资是金融投资的一种形式，基于现代投资理论，本书将对其影响因素进行探讨。

4.1.2 上市公司基本情况

上市公司的基本情况包括：

1. 上市公司的规模

上市公司的规模可能是影响上市公司股票投资行为的一个重要因素。一般来说，公司规模越大，控制的资源越多，主营业务的发展也更成熟稳定，为了维持大规模公司的经营运转，一般都建立了相对健全有效的内部控制制度和风险管理制度。股票投资虽然具有高风险高收益的特征，但其产生的风险和收益对公司总体经营风险和经营利润的影响也不会很显著，所以这类公司可能会投入更多的资源进行股票投资。

杰森（1986）研究认为，企业的规模扩张速度与管理者晋升机会的多少正相关，所以，为了理想的职位等个人利益，管理者会积极主动地扩张企业的规模，由于对规模的过度追逐，他们的投资决策往往产生偏差，忽视了对公司价值最大化的项目的投资。斯图斯（Stulz，1990）认为，规模较大的公司一般具有更加分散的所有权结构，这样中小股东在公司治理中的话语权较小，所有权结构分散带来的后果就是代理问题严重，其代理成本则是经理人对企业自由现金流使用的不合理不审慎，经理人会对净现值为负的项目进行投资，目的则是追求自身利益。所以企业规模越大，现金流与企业投资的敏感性就越大。

2. 上市公司的成长阶段

企业自由现金流的大小与企业成长性的高低有一定关系，高成长性企业的投资机会一般较多也比较理想，自由现金流就比较紧张；而低成长性企业面临的理想投资机会少，自由现金流就相对充裕。低成长企业在改革主业经营战略之前，代理问题可能变得更加严重，会利用较高的现金流量投资于短期高收益的项目，这种项目不具有长期投资价值，风险较高（Myers，1977）。另一方面，在不同的生命周期阶段中，企业对自由现金流量的需求存在差异，会引致投资行为的差别。在初始创立期和成长期，企业生产经营活动创造的自由现金流量还不足以满足需求，“投资不足”就会出现；当企业比较成熟或处在衰退阶段中，生产经营活动能够创造的自由现金流量可满足企业正常需求，可能出现“投资过度”（邓玉英，2009）。因此，当上市公司处于初创期和成长期，有限的现金流量会优先用于与主业经营有密切关系的投资项目；进入成长性不佳的成熟期和衰退期，可供上市公司选择的长期投资机会较少，对于拥有的大量自由现金流量，上市公司会为其寻求合适的投资途径，以期获得一定的投资回报，进行股票投资可能就是这种背景下的产物。

4.1.3　上市公司当年财务状况

上市公司发生股票投资行为的当年财务状况包括：

1. 盈利状况

利润指标在资本市场上举足轻重的地位，促使了上市公司对盈利的追逐。与其他长期价值投资方式不同，股票投资具有投资收益见效快的特点，因此成为许多公司的盈利工具。特别是在新会计准则实施后，上市公司的股票投资如作为交易性金融资产，无论是持有还是处置，其价值变动都将直接表现为公司盈余指标的变化；如作为可供出售金融资产管理，上市公司可以通过出售时机的选择来影响不同期间的会计盈余，股票投资可以起到一定的调节盈余的作用。

2. 主业经营状况

对于非金融保险行业公司而言，股票投资是在其主要经营业务之外的投资活动。当上市公司的主营业务增长放缓甚至停滞、倒退时，一般可选择的与主业经营相关的长期投资机会较少，在拥有自由现金流的情况下，上市公司就很有可能将公司现有的资源投放到股票市场中，以获取高风险的价差收益；甚至有激进的公司经受不住股票市场“暴富”案例的诱惑，挪用原计划用于主业发展的资金，而投放到股票市场中。

3. 现金流状况

上市公司拥有的现金流量主要来源于经营活动、投资活动和筹资活动。当上市公司在日常生产经营、投资、筹资中获取的现金流入量较多时，进行股票投资就有了充足的资金来源。而且，股票投资本身具有良好的流动性，上市公司可以随时控制股票投资的处置变现时间，以防备对资金的紧急、特殊需要。因此，上市公司的现金流入为进行股票投资创造前提条件。

斯特朗和迈耶（Strong & Meyer，1990）发现，剩余现金流（residual cash flow）越多，任意投资出现的几率则越大，股票市场的投资者会对企业的任意投资公告做出负面评价，投资者认为公司管理层进行了低效率投资，将剩余现金流量投放在了净现值为负的项目。理查德（Richard M.，2005）研究了美国 1988 ~2002 年间的上市公司发现，在有自由现金流的企业中过度投资现象比较集中，20%的自由现金流被用于过度投资了。

从融资约束的角度，法扎里（Fazzari，1988）研究表明，将增长机会作为控制变量，企业的对外投资对现金流是否充裕比较敏感，现金流充裕，则公司的对外投资就多。斯图斯（1990）证实以上结论并有了新发现，企业的现金流高，管理层进行过度投资的可能性就大；相反，现金流低时，投资不足的可能性增加。

一般来讲，上市公司现金流的流向，应该与其来源相匹配，这样才能保持公司经营活动或投资活动的平衡发展。上市公司可能会改变原定的募集资金投向，比如在筹资契约原定的投资项目上并没有或投放了极少的资金，而是将增发股票筹资或借款筹资用在持有其他上市公司的股票上，以赚取股票价差带来的投资收益，这不仅会影响企业主要业务的稳定、可持续发展，也潜在地给股东及债权人利益带来危害。

4. 负债及偿还债务的能力

企业在负债筹资后，企业所有者很可能将所筹资金转移到高收益同时也存在高风险的投资项目中，而放弃了债务契约原定的低风险项目（Mikkelson X.，1981）。因为高风险项目如能成功的话，债权人只能获取固定收益率所对应的那部分收益，股东则获取了风险超额部分的收益；即使高风险项目没有成功，在股份有限责任制的公司形式下，超过股东出资额那部分的损失就将由债权人承担，债权人的利益没有得到应有的保护而受到了侵害。

学者们认为负债具有“相机治理”的作用。杰森（1986）的研究表明，负债是与破产联系在一起的“硬”约束机制，高额负债带来的结果就是现金流的流出，从而限制了管理层不能再随意支出，较高的财务杠杆，会减少公司的过度投资。斯图斯（1990）通过研究表明，企业的负债水平能够平衡企业的过度投资或投资不足，高负债水平会给企业带来大量自由现金流，过度投资就可能会产生；而缺乏资金又会出现投资不足。所以负债水平与代理问题一起，对企业的投资行为共同产生影响。雅吉和居尔（Jaggi & Gul，1999）通过对负债自由现金流效应的检验证明，当公司没有较好的投资机会时，自由现金流量高的公司应更多地利用负债，从而限制管理层，降低代理成本。

企业的偿债能力同样影响着股票投资行为。当上市公司增加股票投资时，可能预示着上市公司存在较多富余的现金流。如果企业偿债能力较差，面临较大的到期债务还本付息压力时，企业就会减少所持有的股票投资，用其变现所得的现金流偿付企业债务。如果偿债能力较好，富余的现金流足以偿还到期债务，则对企业的股票投资行为不会造成影响。

4.1.4 上市公司的公司治理状况

上市公司的公司治理状况可以从多个角度进行考察。

1. 高管薪酬情况

在代理理论中，股东与经理人员之间由于代理关系的存在产生了薪酬契约，而会计盈余在签订、履行和评价管理层薪酬契约时发挥着重要作用。在其他条件相同的情况下，如果管理层的薪酬与会计盈余或公司市场表现挂钩，管理层将会通过投资决策或选择会计政策使公司盈余向有利于自己的一面变动。纳拉亚南（Narayanan B.，1988）通过研究证明，企业管理者在人力资本市场上的声誉对管理者自身而言很重要，他们也非常看重，出于增加企业业绩进而提高自己声誉的考虑，他们会置股东利益于不顾，投资于能够增加企业短期业绩的项目，这样的结果就是产生投资不足。别布丘克（Bebchuk S.，2001）指出，受个人短期利益的驱使，管理者的投资行为并不总是符合企业价值最大化目标的，有时会偏离这个目标，市场对公司所披露信息的偏好以及对信息的判断识别能力决定着这种偏离的程度。比如，在人们都看好某些行业或项目时，管理者很可能盲目地投资，只是为了取悦股东和企业的投资者，并且显示自己对投资机会寻找、把握的能力。而从股东的角度来讲，他们很难识别投资的适度性，因为一般而言，短期行为带来的是短暂的好业绩和股价在短期内的攀升。

管理层薪酬计划对管理层机会主义行为能发挥一定的抑制作用。坎宁（Conyon，1997）和别布丘克（2003）等学者的研究证明，在国外，高管能够影响干预薪酬委员会的决策，所以管理层薪酬计划的独立性、公正性都无法得到保障，严重脱离了企业业绩。在我国，人们对管理层薪酬激励制度的重视在逐步提高，在这方面也进行了一些探索。但我国的特殊情况是，大部分上市公司属于国有控股公司，经理层对董事会具有实质控制权，在设定考核指标时自然会倾向和保护自己的利益，所以管理层薪酬激励制度的效果并不显著。

2. 两职设置状况

两职设置状况，是指在企业中董事长与总经理的分离情况。作为公司的核心领导人，董事长与总经理在公司的决策和日常经营中起着非常重要的作用。因此，董事长与总经理两职设置情况与企业的投资决策密切相关。董事长与总经理由同一人担任，这种情况有利有弊，有利的一面是总经理的经营决策权足够大，管理人员的管理空间足够大，从而有利于企业发展；有弊的一面则是对经理人的有效监督会被削弱，经理人机会主义行为增多，过度投资发生的几率增大。董事长与总经理分别由不同人员担任，能够克服两职合一带来的弊端，强化对经理人的监督，从而有助于减少投资不理性的行为。

3. 独立董事比例

董事会制度的设立能够有效监督经理人行为，监督公司的战略决策及其执行。独立董事的独立性较强，与控股股东、公司管理层之间的关系更为超然独立，所以是董事会能否有效发挥其监督作用的重要保障。独立董事能够凭借其专业知识，对经理层盲目作出的投资决策进行判断并予以否定（Hermalin and Wallace，2001）。

法玛和杰森（Fama & Jensen，1983）、仲等（Chung et al.，2003）、古格勒等（Gugler et al.，2003）和理查森（Richardson，2006）认为，独立董事与控股股东和经理层没有任何经济关系，这样更有利于他们行使监督和约束的权利。

但在我国，独立董事的作用存在争议。张功富、宋献中（2007）、李维安、姜涛（2007）都发现，董事会治理与公司的过度投资程度负相关，独立董事机制能有效地影响公司投资决策。但刘昌国（2006）、梅丹（2008）等人的研究结果表明，独立董事并没有能够有效地约束企业的过度投资行为。李鑫、孙静（2008）实证研究了中国上市公司，发现独立董事的比例增加没有带来上市公司过度投资行为减少的直接后果。这可能是因为我国独立董事比例太低，独立董事大多是兼职人员，事实上的独立性不强，所以没有充分发挥其作用。

4. 实际控制人性质

依据实际控制人的性质来划分，我国的上市公司主要分为国家控股、集体控股和外资控股等几种类型。由国有企业改制而来的上市公司居多，所以绝大多数属于国有控股型上市公司。

在国有控股上市公司中，中央政府、地方政府代表国家管理着国有控股公司。这样委托—代理层级就比其他类型的公司更多，由于代理方产权保护的动力逐渐减弱，所以对经理层的约束也就逐渐减弱，于是产生了内部人控制。张翼等（2005）发现受地方政府或一般国企控制的公司，投资对现金流的敏感性与第一大股东持股比例负相关；受中央部委、境内非国有实体和自然人最终控制的公司，没有发现过度投资与自由现金流问题。辛清泉等（2007）的研究发现，当薪酬契约无法有效地补偿经理层的工作付出或激励经理层的经营才能时，受地方政府控制的上市公司就存在着投资过度现象。已有的研究表明，上市公司的实际控制人性质影响着上市公司的投资行为。

而在非国有控股公司中，公司的资本金是由股东筹集的，公司的亏损也是由股东承担，所以股东对公司的投资决策一般会比较谨慎，并且尤其关注投资风险的防范。

对于国有企业的投资活动，尤其是非主业投资，我国监管部门在近几年出台了一系列的管理要求。2006 年 6 月 28 日，国务院国有资产监督管理委员会（以下简称“国资委”）颁布了《中央企业投资监督管理暂行办法》，对中央企业的固定资产投资、产权收购和长期股权投资作出规范，并要求企业在年度投资计划中披露主业与非主业投资规模等。2007 年 8 月 2 日，因“有的企业违规使用银行信贷资金投资股票和房地产等”，为规范中央企业投资管理，有效规避投资风险，国资委发布《关于进一步规范中央企业投资管理的通知》，规定中央企业进行非主业投资，包括非主业性质的房地产、金融、证券和保险业投资等，须向国资委报告。2007 年 11 月 7 日，国资委在《关于印发 2008 年度中央企业财务预算报表的通知》中规定，中央企业在编制 2008 年度财务预算报表时，要分项目说明拟安排的债券、股票、基金等金融工具的投资目的、资金占用规模、资金来源和预计投资回报率等情况。2010 年 1 月 7 日，国资委在《关于认真做好 2010 年中央企业经营业绩考核工作的通知》中规定，对中央企业在股票、房地产、期货方面的投资收益要减半计算。

5. 第一大股东持股比例

当股权高度集中时，董事会往往被第一大股东或前几大股东所控制，他们会对公司日常的经营决策产生影响。大股东参与治理的结果就是可能产生大小股东之间的代理问题，并对小股东利益形成侵占。由于所有权和控制权存在差异，使公司现金流权和控制权产生分离，因此大股东不仅与中小股东一起共享现金流收益，还会得到高于其所持股份比例的额外收益，这种额外收益，即控制权私有收益，它来源于大股东控制权所产生的经济价值并由大股东独占（Shleifer R. & Vishny T.，1997）。杰森和麦克林（1976）和莫克（Morck，1988）也研究证实了上市公司的过度投资与股权的过度集中有一定联系，是因为股权集中可能形成对中小股东利益的侵占。

万迪昉、蔡地（2008）发现，大股东对经理人过度投资的监督作用有防御效应和激励效应；非国有大股东在监督经理人过度投资方面更有效；如果有第二大股东，特别是当大股东没有处于控股地位时，则有利于制约大股东的防御效应，发挥大股东的激励效应。梅丹（2008）发现股权制衡能够制约投资过度。

4.1.5 外部环境因素

此外，影响上市公司股票投资行为的外部环境因素也很多，包括经济环境、市场环境、政治法律环境和其他环境。但是股票投资作为一种流动性强，变现能力高的投资方式，股票市场行情无疑对上市公司的投资决策产生重要的影响。鉴于股票市场行情在研究中能够采用数量化的形式来计量，因此本书选择上证综指作为股票市场行情的表征变量，来研究 2007～2009 年中，上市公司股票投资行为与股市行情的关系。

4.2 影响因素研究的实证研究设计

4.2.1 影响因素研究的回归模型

为了检验 4.1 节所述的企业内部、外部因素对上市公司股票投资行为的影响，本书设计了回归模型 4－1。

$$\begin{aligned} SASS = {} & \alpha_0 + \alpha_1 ROE + \alpha_2 OE + \alpha_3 OCF + \alpha_4 ICF + \alpha_5 FCF + \alpha_6 LEV \\ & + \alpha_7 CURRENT + \alpha_8 GROWTH + \alpha_9 SIZE + \alpha_{10} MR \\ & + \alpha_{11} INDEX + \alpha_{12} TWO + \alpha_{13} INDDIR \\ & + \alpha_{14} NSOE + \alpha_{15} TOP1 + \xi \end{aligned} \qquad \text{（模型 4－1）}$$

4.2.2 影响因素研究的变量设计

在模型 4－1 中，以股票投资价值占总资产的比重作为被解释变量。对于上市公司基本情况方面，选用年末公司账面总资产的自然对数代表公司规模，以公司近三年营业收入增长率代表公司所处的成长阶段；在上市公司财务状况方面，选用净资产收益率代表公司的盈利能力，每股营业利润代表公司的主营业务情况，以经营现金净流量占平均资产比、投资现金净流量占平均资产比、筹资现金净流量占平均资产比来衡量公司的现金流状况，以年末资产负债率、流动比率分别代表负债及偿还债务的能力；在上市公司的公司治理结构方面，则设置了高管薪酬、两职设置状况、独立董事比例、实际控制人性质以及第一大股东持股比例这五个公司治理变量进行衡量；在外部环境因素方面，以年度股指变化率来反映股票市场行情的变化。具体变量设置如表 4 - 1 所示。

表 4 - 1　股票投资影响因素变量界定及含义

变量	变量含义
股票投资价值占总资产的比重（SASS）	被解释变量，企业年末股票投资价值占总资产的比例
股票投资价值变动占总资产的比重（DSASS）	被解释变量，（年末股票投资价值 - 年初股票投资价值）/平均资产
公司规模（SIZE）	解释变量，账面总资产的自然对数（年末），衡量公司的规模
营业收入年均增长率（GROWTH）	解释变量，近 3 年的营业收入平均增长率，衡量公司的成长情况
净资产收益率（ROE）	解释变量，净资产收益率，衡量公司的盈利能力
每股营业利润（OE）	解释变量，每股营业利润（扣除公允价值变动损益、投资收益、汇兑损益），衡量公司主营业务的盈利能力
经营现金净流量占平均资产比（OCF）	解释变量，当期经营现金净流量/平均资产总额，衡量当年的经营活动现金流量状况
投资现金净流量占平均资产比（ICF）	解释变量，当期投资活动现金净流量/平均资产总额，衡量当年的投资活动现金流量状况
筹资现金净流量占平均资产比（FCF）	解释变量，当期筹资活动现金净流量/平均资产总额，衡量当年的筹资活动现金流量状况

续表

变量	变量含义
资产负债率（LEV）	解释变量，资产负债率（年末），衡量公司的负债状况
流动比率（CURRENT）	解释变量，流动比率（年末），衡量公司的偿债能力
高管薪酬（MR）	解释变量，代表上市公司当年的高管薪酬状况，用金额最高的前三名高级管理人员的薪酬总额的自然对数来表示
两职设置状况（TWO）	解释变量，当董事长和总经理为同一人时取1，否则取0
独立董事比例（INDDIR）	解释变量，用独立董事人数除以董事会人数表示
实际控制人性质（NSOE）	解释变量，如果上市公司的实际控制人为非国有时取1，否则取0
第一大股东持股比例（TOP1）	解释变量，用第一大股东持股数与总股份数之比表示
年度股指变化率（INDEX）	解释变量，代表年度股指的变化情况，用上证综指的年度变化率来表示

4.2.3 影响因素研究的样本选择

本章选择沪深主板市场中2007～2009年年末持有A股股票的上市公司为样本，并按以下标准进行剔除：（1）剔除了会计制度具有特殊性的金融类上市公司；（2）剔除所持股份全部是长期股权投资的公司；（3）剔除净资产为负的公司；（4）剔除净资产收益率、企业规模和第一大股东持股比例以及其他解释变量数据缺失的公司；（5）对所有连续变量在1%分位数和99%分位数上进行缩尾调整（Winsorize）处理，把小于1%和大于99%的样本，令其值分别等于1%和99%。经过上述处理后，最后得到1200个样本，2007年有390个样本，2008年有405个样本，2009年有405个样本。

4.2.4 影响因素研究的数据来源

2007～2009年每年年末持有A股股票的沪深主板市场公司名

单来源于万得（Wind）数据库，然后，通过逐个查看其持股明细，剔除了所持股份全部是长期股权投资的公司；两职设置状况、独立董事比例、实际控制人性质以及第一大股东持股比例等公司治理数据来源于色诺芬（CCER）数据库；其他财务数据来源于国泰安金融研究数据库（CSMAR）。

4.3 影响因素研究的实证研究结果

4.3.1　影响因素研究的描述性统计分析

表 4－2 报告了各变量的描述性统计结果。SASS（股票投资价值占总资产的比重）的平均值和中位数分别为 0.0455 和 0.0090，最小值和最大值分别为 0 和 0.5422，表明我国上市公司进行股票投资的程度差异较大，有的公司甚至 54% 以上的资产都是股票投资。

表 4－2　描述性统计结果表

变量	均值	中位数	标准差	最小值	25%	75%	最大值
SASS	0.0455	0.0090	0.0912	0.0000	0.0015	0.0437	0.5422
ROE	0.0774	0.0765	0.1251	－0.4683	0.0285	0.1371	0.4362
SIZE	22.0178	21.8049	1.2524	19.4700	21.1260	22.6742	25.8100
GROWTH	0.1678	0.1268	0.3306	－0.4639	－0.0050	0.2583	1.8739
OE	0.2544	0.1365	0.5164	－1.0040	－0.0156	0.4385	2.2275
OCF	0.0524	0.0495	0.0869	－0.2216	0.0077	0.1006	0.3108
ICF	－0.0458	－0.0311	0.0827	－0.3413	－0.0798	－0.0005	0.1769
FCF	0.0166	－0.0061	0.1052	－0.2053	－0.0414	0.0529	0.4360
LEV	0.5135	0.5232	0.1857	0.1020	0.3763	0.6597	0.8857
CURRENT	1.4564	1.2074	1.0346	0.2063	0.8743	1.6780	6.5832

续表

变量	均值	中位数	标准差	最小值	25%	75%	最大值
MR	13.7674	13.7987	0.7584	11.8458	13.3128	14.2578	15.4980
TWO	0.1108	0.0000	0.3141	0.0000	0.0000	0.0000	1.0000
INDDIR	0.3649	0.3333	0.0526	0.2727	0.3333	0.3750	0.5714
NSOE	0.2758	0.0000	0.4471	0.0000	0.0000	1.0000	1.0000
TOP1	0.3548	0.3379	0.1516	0.0842	0.2339	0.4681	0.7156
INDEX	0.3856	0.7998	0.7485	-0.6539	-0.6539	1.0351	1.0351

SIZE（公司规模）的平均值和中位数分别为 22.0178 和 21.8049，最小、最大值分别为 19.4700 和 25.8100。GROWTH（营业收入年均增长率）的平均值和中位数分别为 0.1678 和 0.1268，最小值和最大值则分别为 -0.4639 和 1.8739，表明进行股票投资的上市公司在成长性方面还是有比较大的差异。

ROE（净资产收益率）的平均值和中位数分别为 0.0774 和 0.0765，最小值和最大值则分别为 -0.4683 和 0.4362，说明持有股票投资的上市公司在总体盈利能力上存在较大差异。OE（每股营业利润）的平均值和中位数分别为 0.2544 和 0.1365，最小值和最大值分别为 -1.0040 和 2.2275，表明持有股票投资的上市公司既有主业亏损公司，也有主业盈利公司，它们的主营业务盈利能力差异较大。OCF（经营现金净流量占总资产比）的平均值和中位数分别为 0.0524 和 0.0495，最小值和最大值分别是 -0.2216 和 0.3108，说明持有股票的上市公司其经营活动现金流量状况存在较大差异。ICF（投资现金净流量占总资产比）的平均值和中位数分别为 -0.0458 和 -0.0311，表明平均来看，这些公司的投资活动比较活跃，并且没有产生正的现金流；最小值和最大值分别为 -0.3413和 0.1769，表明它们的投资活动现金流量状况差距较大。FCF（筹资现金净流量占总资产比）的平均值和中位数分别为 0.0166 和 -0.0061，最小值和最大值分别为 -0.2053 和 0.4360，可以看出，持有股票的上市公司，其筹资活动产生的现金净流量较少，而且公司间的差异也较大。LEV（资产负债率）的平均值和中位数分别为0.5135和0.5232，最小值和最大值则分别为0.1020和0.8857，表明样本公司的平均负债水平较高，超过50%，其中既有稳健型企业，也有风险偏好型企业，甚至有公司80%以上的资产来源于负债筹资。CURRENT（流动比率）的平均值和中位数分别为1.4564和1.2074，最小值和最大值分别为0.2063和6.5832，表明这些公司总体上短期偿债能力较好。

MR（高管薪酬）的平均值和中位数分别为13.7674和13.7987，最小值和最大值则分别为11.8458和15.4980，表明我国上市公司在高管薪酬方面的差异较大。TWO（董事长和总经理两职设置情况）的平均值为0.1108，说明有11.08%的公司存在董事长和总经理两职合一。INDDIR（独立董事比例）的平均值和中位数分别为0.3649和0.3333，最小值和最大值分别为0.2727和0.5714，表明在持有股票的上市公司中，独立董事在董事会中的平均比例约为1/3，独立董事的比例在不同公司间虽存在一定的差异，相比其他方面，这个差异并不大。NSOE（实际控制人性质）的均值为0.2758，表明有27.58%的上市公司为非国有公司，绝大多数还是国有公司。TOP1（第一大股东持股比例）的平均值和中位数分别为0.3548和0.3379，最小值和最大值分别为0.0842和0.7582，表明进行股票投资的上市公司在第一大股东持股比例方面存在较大差异，这些公司的持股结构比较分散。

INDEX（年度股指变化率）的平均值和中位数分别为0.3856和0.7998，而最小值和最大值则分别为－0.6539和1.0351，说明本书的研究期间内股票市场行情的年度变化幅度非常大。

4.3.2　影响因素研究的相关系数分析

表4－3报告了变量之间的相关系数，其中左下方为皮尔森（Pearson）相关系数，右上方为斯皮尔曼（Spearman）相关系数。

表 4-3　Pearson（Spearman）相关系数表

	SASS1	ROE	OE	OCF	ICF	FCF	LEV	CURRENT	GROWTH	SIZE	MR	INDEX	TWO	INDDIR	NSOE	TOP1
SASS		-0.0276	-0.0726**	-0.0649**	0.1217***	-0.0498*	-0.2180***	0.1092***	-0.1333***	-0.0682**	0.0135	0.1844***	0.0146	-0.0495*	0.0069	-0.0198
ROE	-0.0318		0.7555***	0.3042***	-0.1394***	0.0278	0.0207	0.1081***	0.4026***	0.3286***	0.4138***	0.1875***	-0.0175	-0.0105	0.0060	0.0988***
OE	-0.0977***	0.6839***		0.3595***	-0.2787***	0.0805***	-0.0191	0.1807***	0.4377***	0.3827***	0.3852***	0.0954***	-0.0677**	-0.0074	-0.0327	0.1612***
OCF	-0.0606**	0.2192***	0.2785***		-0.2527***	-0.3220***	-0.0694**	-0.0948***	0.1395***	0.1191***	0.1322***	0.0472	-0.0102	-0.0209	0.0003	0.0354
ICF	0.1031***	-0.1241***	-0.2887***	-0.2621***		-0.4443***	-0.0686**	0.1667***	-0.2307***	-0.2812***	-0.1691***	0.0842***	0.0157	-0.0611**	0.0386	-0.0972***
FCF	-0.0585**	0.0729**	0.1168***	-0.3616***	-0.4780***		0.1825***	0.0016	0.1785***	0.2453***	0.0868***	0.0039	0.0169	0.066**1	-0.0622**	0.0919***
LEV	-0.2326***	-0.0722**	-0.0137	-0.0671**	-0.0652**	0.1270***		-0.5526***	0.1679***	0.2980***	0.0470	-0.0174	-0.0247	-0.0102	-0.0986***	-0.0213
CURRENT	0.0599**	0.1021***	0.1000***	-0.0459	0.0772***	0.0489*	-0.5847***		-0.0226	-0.1420***	0.0840***	-0.0090	-0.0062	0.0171	0.1406***	-0.0211
GROWTH	-0.1184***	0.2953***	0.3501***	0.0596**	-0.1430***	0.1436***	0.1461***	-0.0390		0.2771***	0.1393***	0.0573**	-0.0386	0.0056	-0.0466	0.1199***
SIZE	-0.0380	0.2472***	0.3380***	0.0733**	-0.2933***	0.2595***	0.2850***	-0.1610***	0.2480***		0.4589***	-0.0023	-0.0469	0.1012***	-0.2112***	0.2769***
MR	-0.0682**	0.3259***	0.3541***	0.0702**	-0.1401***	0.1173***	0.0632**	0.0207	0.1019***	0.4575***		-0.0565*	0.0115	0.0355	-0.1113***	0.0449
INDEX	0.1507***	0.1790***	0.0851***	0.0957***	0.0837***	-0.0142	-0.0144	0.0017	-0.0324	0.0207	-0.0198		0.0315	-0.0349	0.0141	0.0046
TWO	0.0256	-0.0231	-0.0512*	-0.0111	0.0004	0.0206	-0.0142	-0.0182	-0.0487*	-0.0632	-0.0039	0.0249		0.0666**	0.1147***	-0.1542***
INDDIR	-0.0281	0.0071	-0.0261	-0.0434	-0.0639**	0.1007***	-0.0053	0.0303	0.0105	0.1510***	0.0075	-0.0251	0.0554*		0.0099	0.0570**
NSOE	0.0127	0.0159***	-0.0173	0.0146	0.0579**	-0.0636**	-0.0973***	0.1366***	-0.0663**	-0.2310***	-0.0873***	0.0179	0.1147***	-0.0016		-0.2285***
TOP1	-0.0007	0.1122***	0.1573***	0.0300	-0.1179***	0.0887***	-0.0181	-0.0259	0.1851***	0.3241***	0.0360	0.0101	-0.1612***	0.1054***	-0.2334***	

注：***、**、* 分别表示在 1%、5% 和 10% 水平上显著。

分析皮尔森相关系数，OE与SASS的相关系数是-0.0977，并在1%水平上显著，表明公司每股营业利润越多，股票投资越少。OCF与SASS的相关系数是-0.0606，并在5%水平上显著，表明公司经营活动现金流量越多，股票投资越少。FCF与SASS的相关系数是-0.0585，并在5%水平上显著，表明公司筹资活动现金流量越多，股票投资越少。OCF、FCF与SASS的相关系数所反映出的相关关系与斯图斯（1990）的研究结论刚好相反。ICF与SASS的相关系数是0.1031，并在1%水平上显著，表明公司投资活动现金流量越多，股票投资越多。LEV与SASS的相关系数是-0.2326，并在1%水平上显著，表明公司负债水平越高，股票投资越少。CURRENT与SASS的相关系数是0.0599，并在5%水平上显著，表明公司流动比率越高，股票投资越多，这与前文的分析是一致的。GROWTH与SASS的相关系数是-0.1184，并在1%水平上显著，表明公司成长性越高，股票投资越少。MR与SASS的相关系数是-0.0682，并在5%水平上显著，表明公司高管薪酬越多，股票投资越少。INDEX与SASS的相关系数是0.1507，并在1%水平上显著，表明年度股指变化率与股票投资正相关。

从斯皮尔曼相关系数来看，OE、OCF、ICF、FCF、LEV、CURRENT、GROWTH和INDEX与SASS的相关系数符号和显著性保持不变。然而，SIZE与SASS的相关系数是-0.0682，并在5%水平上显著，表明公司规模越大，股票投资越少，这与Pearson相关系数所反映的关系恰恰相反。MR（高管薪酬）与SASS的相关系数不再显著。INDDIR与SASS的相关系数是-0.0495，并在10%水平上显著，表明公司独立董事比例越大，股票投资越少；而皮尔森相关系数则反映出二者没有相关关系。其余变量ROE（净资产收益率）、TWO（两职设置状况）、NSOE（实际控制人性质）、TOP1（第一大股东持股比例）与SASS的相关系数仍然保持不显著。

其他变量之间的相关性也非常合理与直观，比如，ROE与OE

显著正相关，表明公司营业利润越高，净资产收益率也越高；ROE与GROWTH显著正相关，表明公司净资产收益率越高，成长性也越高；LEV与ROE显著负相关，表明公司资产负债率越高，净资产收益率越低；尽管解释变量之间相关系数显著，以方差膨胀因子（VIF）检验多重共线性的值都不大于3，因此，多重共线性不会影响下文的回归结果。

4.3.3 影响因素研究的回归结果分析

表4－4报告了模型4－1的回归结果，其中，被解释变量是SASS（年末股票投资价值占总资产的比例）。OE的回归系数为－0.0155，在5%水平上显著为负，表明公司每股营业利润越多，股票投资越少；OCF的回归系数为－0.0812，在5%水平上显著为负，说明公司经营活动现金流量越多，股票投资越少；LEV的回归系数为－0.1662，在1%水平上显著为负，表明公司资产负债率越高，股票投资越少；CURRENT的回归系数为－0.0101，在1%水平上显著为负，说明公司流动比率越高，股票投资越少；GROWTH的回归系数为－0.0169，在5%水平上显著为负，表明成长性越高的公司，股票投资越少；SIZE的回归系数为0.0082，在1%水平上显著为正，说明公司规模与股票投资正相关；MR的回归系数为－0.0080，在5%水平上显著为负，表明公司高管薪酬越高，股票投资越少；INDEX的回归系数为0.0179，在1%水平上显著为正，表明年度股指变化率与股票投资正相关。综合比较以上回归结果与前文相关系数的分析结果，OE、OCF、LEV、GROWTH以及MR与被解释变量的相关关系同皮尔森相关系数的结论是一致的；而CURRENT与被解释变量的相关关系同皮尔森相关系数的结论则是相反的；SIZE变量得出的相关关系与斯皮尔曼相关系数的结论是相反的。

表 4-4　　OLS 回归方法的回归结果

	SASS		DSASS	
	估计系数	t 值	估计系数	t 值
截距项	0.1033	1.62	0.0399	0.61
ROE	0.0114	0.40	-0.0252	-0.85
OE	-0.0155	-2.09 **	-0.0045	-0.58
OCF	-0.0812	-2.11 **	-0.0232	-0.59
ICF	0.0302	0.70	-0.0789	-1.77 *
FCF	-0.0299	-0.86	-0.0054	-0.15
LEV	-0.1662	-9.03 ***	-0.1114	-5.87 ***
CURRENT	-0.0101	-3.17 ***	-0.0087	-2.64 ***
GROWTH	-0.0169	-1.99 **	0.0041	0.47
SIZE	0.0082	2.91 ***	0.0080	2.74 ***
MR	-0.0080	-1.98 **	-0.0093	-2.24 **
INDEX	0.0179	5.19 ***	0.0519	14.57 ***
TWO	0.0058	0.71	-0.0004	-0.05
INDDIR	-0.0686	-1.39	-0.0378	-0.74
NSOE	0.0041	0.69	-0.0037	-0.61
TOP1	-0.0097	-0.53	-0.0297	-1.56
年度控制	已控制		已控制	
行业控制	已控制		已控制	
调整 R^2	0.113		0.168	
F 值	6.86 ***		10.33 ***	
样本量	1200		1200	

注：***、**、* 分别表示在 1%、5% 和 10% 水平上显著。

为了增强结果的稳健性，本书用 DSASS（年末与年初股票投资价值之差与平均资产的比例）代替 SASS（年末股票投资价值占总资产的比例）重新对模型 4-1 进行回归分析。其中，OE（每股营业利润）、OCF（经营现金净流量占总资产比）和 GROWTH（营业收入年均增长率）的回归系数不再显著；ICF（投资现金净流量占总资产比）的回归系数为 -0.0789，在10%水平上显著为负，表明公司投资活动现金流量越多，股票投资的价值变动越小；其余变量的回归系数保持不变。

此外，笔者还用克里斯特（Cluster）回归方法代替上述的最小二乘（OLS）回归方法，做进一步的稳健性检验。表4-5报告了其回归结果。被解释变量为SASS（年末股票投资价值占总资产的比例）的回归结果表明，MR（高管薪酬）的估计系数不再显著，其余变量的估计系数保持不变。被解释变量为DSASS（年末与年初股票投资价值之差与平均资产的比例）的回归结果表明，TOP1（第一大股东持股比例）的估计系数为 -0.0297，在10%水平上显著为负，仅从回归系数来看，公司第一大股东持股比例越高，股票投资的价值变动越少；这不符合前文的分析及前人的研究结果。其余变量的估计系数保持不变。

表4-5　　Cluster 回归方法的回归结果

	SASS		DSASS	
	估计系数	t值	估计系数	t值
截距项	0.1033	1.19	0.0399	0.89
ROE	0.0114	0.36	-0.0252	-0.87
OE	-0.0155	-2.29**	-0.0045	-0.79
OCF	-0.0811	-2.48**	-0.0232	-0.58
ICF	0.0302	0.62	-0.0789	-1.32
FCF	-0.0299	-1.10	-0.0053	-0.15
LEV	-0.1662	-4.81***	-0.1114	-4.83***
CURRENT	-0.0101	-1.97**	-0.0087	-2.71***
GROWTH	-0.0169	-2.07**	0.0041	0.83
SIZE	0.0082	1.81*	0.0080	2.95***
MR	-0.0080	-1.20	-0.0093	-2.55**
INDEX	0.0179	9.14***	0.0519	10.18***
TWO	0.0058	0.44	-0.0004	-0.06

续表

	SASS		DSASS	
	估计系数	t 值	估计系数	t 值
INDDIR	-0.0686	-1.16	-0.0378	-1.21
NSOE	0.0041	0.50	-0.0037	-0.90
TOP1	-0.0097	-0.35	-0.0297	-1.72 *
年度控制	已控制		已控制	
行业控制	已控制		已控制	
R^2	0.132		0.186	
F 值	4.71 ***		4.98 ***	
样本量	1200		1200	

注：标准误差经公司聚类和异方差调整；***、**、* 分别表示在 1%、5% 和 10% 水平上显著。

上述结果表明，资产负债率（LEV）、流动比率（CURRENT）、公司规模（SIZE）和年度股指变化率（INDEX）均是股票投资行为（SASS 和 DSASS）的影响因素。资产负债率、流动比率与股票投资行为负相关，公司规模大小和年度股指变化率与股票投资行为正相关。然而，采用不同的变量指标和回归方法，每股营业利润（OE）、经营活动现金流量状况（OCF）、投资活动现金流量状况（ICF）、成长性（GROWTH）、高管薪酬（MR）和第一大股东持股比例（TOP1）的回归结果将不同。

4.4 本章小结

本章主要研究了影响上市公司股票投资行为的因素。研究中，将影响因素分为两大方面：一是上市公司所处外部环境的变化，即股票市场的行情走势；二是上市公司自身的财务状况、治理情况等。在上市公司自身状况方面，又从公司基本情况、财务状况、公司治理情况三个角度进行了分析研究。

本章设计了线性回归模型，研究以上因素对上市公司股票投资行为的影响。模型中以股票投资价值占总资产的比重作为被解释变量。对于上市公司基本情况方面，选用年末公司账面总资产的自然对数代表公司规模，以公司近三年营业收入增长率代表公司所处的成长阶段；在上市公司财务状况方面，选用净资产收益率代表公司的盈利能力，每股营业利润代表公司的主营业务情况，以经营现金净流量占平均资产比、投资现金净流量占平均资产比、筹资现金净流量占平均资产比来衡量公司的现金流状况，以年末资产负债率、流动比率分别代表负债及偿还债务的能力；在上市公司的公司治理结构方面，则设置了高管薪酬、两职设置状况、独立董事比例、实际控制人性质以及第一大股东持股比例这五个公司治理变量进行衡量；在外部环境因素方面，以年度股指变化率来反映股票市场行情的变化。

本章选择沪深主板市场中 2007 ~ 2009 年每年年末持有 A 股股票的上市公司为样本，剔除了金融类上市公司、所持股份全部是长期股权投资的公司、净资产为负的公司、部分变量数据缺失的公司，并对所有连续变量进行了缩尾调整（Winsorize）处理。最后得到有效样本 1200 个，其中 2007 年有 390 个样本，2008 年有 405 个样本，2009 年有 405 个样本。

在做回归分析之前，对这些变量做了描述性统计分析和相关系数分析。为了结果的稳健性，本书采用更换被解释变量重新运行模型的方法，即以 DSASS（年末与年初股票投资价值之差与平均资产的比例）代替 SASS（年末股票投资价值占总资产的比例）；还采用了克里斯特（Cluster）回归方法代替最小二乘（OLS）回归方法的做法。

实证结果表明，资产负债率（LEV）、流动比率（CURRENT）、公司规模（SIZE）和年度股指变化率（INDEX）均是股票投资行为（SASS 和 DSASS）的影响因素。它们对股票投资的绝对值和相对值的变化都有着稳定的影响关系。资产负债率、流动比率与股票投资行为负相关，公司规模大小和年度股指变化率与股票投资行为正相关。然而，采用不同的变量指标和回归方法，每股营业利润（OE）、经营活动现金流量状况（OCF）、投资活动现金流量状况（ICF）、成长性（GROWTH）、高管薪酬（MR）和第一大股东持股比例（TOP1）的回归结果将不同。净资产收益率、筹资活动现金流量状况、两职设置状况、独立董事比例以及实际控制人性质则与上市公司的股票投资行为没有显著的相关关系。

所以，上市公司的股票投资受外部资本市场行情的直接影响；在内部因素中，与公司基本情况的部分指标有关，也受部分财务状况指标的影响，但是总体上，与持股公司的治理状况并无明显的相关关系。刘昌国（2006）曾对我国上市公司进行研究，结果表明，我国上市公司治理机制在抑制利用自由现金流量进行过度投资方面，发挥的作用较小。本章的实证结果一方面支持了刘昌国的研究结论，另一方面也说明，上市公司的股票投资是一种财务型的交叉持股，更多地与公司的财务状况有关。

第 5 章

我国上市公司股票投资的价值相关性研究

本章的研究目的是分析上市公司的股票投资行为对持股公司股价的影响，即上市公司股票投资的价值变动与上市公司股价的价值相关性。从综合收益的角度看，上市公司股票投资的价值变动无论是计入当期盈余还是计入资本公积，都属于综合收益的组成部分。本章将研究这些组成项目各自与持股公司股价的价值相关性，以检验这些会计信息的信息含量。

5.1 综合收益价值相关性的理论分析

5.1.1 净资产价值相关性的分析

根据前面章节对价值相关性的理论分析和已有研究文献的论述，如果是某项会计信息向市场传递了新的有用的信息，那么在发布该信息或披露某个会计数据之后，资本市场会对其做出明显反应，即该信息具有价值相关性。在已有的研究文献中，财务指标和股票价格之间的相关关系可以用来衡量会计信息价值相关性，这里存在一个前提，即假定股票的市场价格能够充分反映所有公开的信息。

在奥尔森（1995）的剩余收益定价模型（Residual Income Valuation Model）中，股票价格可以反映为每股收益和每股净资产的函数，从此，会计信息与股票价格相关性的研究范围由会计盈余拓展到了资产的价值，从损益表扩展到了资产负债表（Barth et a1.，1996，1997；Eccher et a1.，1996）。

众多学者的研究结果都表明，会计盈余具有较强的价值相关性。在奥尔森创立剩余收益定价模型之后，对净资产价值相关性的研究得到了扩展和丰富。这些研究表明，净资产与股价具有价值相关性，这种相关性在许多国家的会计改革后都得到了增强；而且净资产的价值相关性弱于会计盈余；但是在会计信息质量较差的公司，净资产的价值相关性却强于会计盈余，因为投资者认为，净资产反映的会计信息更为客观。

陆宇峰（2000）采用奥尔森模型，考察了 1993 ~ 1997 年在中国上市的 A 股公司调整后股价与每股净资产、每股收益间的解释关系，认为每股净资产、每股收益联合对股价的解释力度逐年增强而且成为股价的主要解释力量。袁淳和王平（2005）发现每股净资产和每股经营活动现金流量指标在投资者评价会计信息质量较差的公司时，发挥的作用更大，因为每股净资产和每股经营活动现金流量相对于会计盈余指标而言，其可操控性要差一些，因而也更客观。

5.1.2　盈余指标价值相关性差异的分析

在企业的生产经营活动中，各项会计指标由于其产生的背景不同，持续性等性质存在差异，因而其决策有用性也不同，直接体现在价值相关性的差异上。

利普（Lipe，1986）研究认为，相比总括盈余，盈余构成项目对股票回报具有更强的解释能力，分解盈余能够提供较小但是显著的相关信息；各个未预期盈余项目的持续性水平越高，它的市场反应系数也就越高，市场参与者能够对盈余项目的持续性水平做出不同反应。弗里曼（Freeman，1986）的研究结果证实了利普（1986）的研究结论，此外还认为，影响股票回报的重要因素除盈余持续性以外，还有盈余项目对市场风险的贡献，它们会产生增量信息含量。罗摩克里希纳和托马斯（Ramakrishnan & Thomas，1998）、伊斯顿等（Easton et al.，2000）、潘（Pan，2007）等继续将盈余分解成不同的项目，研究各盈余项目与总盈余对股价的解释力度。斯瓦米纳坦和温托普（Swaminathan & Weintrop，1991）、艾瑞莫等（Erimur et al.，2003）研究了盈余、收入、费用的信息含量及其市场反应。斯隆（Sloan，1996）和理查森等（Richardson et al.，2005）研究盈余与未来股票回报的相关性，他们选择了应计项和现金流的研究角度。这些研究结果都表明，与总盈余相比，分解后的盈余指标对投资者、债权人、财务决策者等相关信息使用者来说，更具有有用性。

陈和王（Chen & Wang，2004）将营业利润分解成投资收益、政府补贴、资产重估收益、营业外收入、营业外支出和其他项目，实证研究的结果表明，与总括盈余相比，盈余构成项目具有更强的价值相关性，采用收益模型和价格模型，营业利润中各项目的盈余反应系数大于总括营业利润。程小可（2005）的研究表明，盈余的分解项目均比总括盈余更能显著地预测公司未来盈利能力和未来现金流状况，在现金流预测方面盈余分解项目也具有显著的经济学意义。程小可（2006）研究了盈余结构的价值含义，使用的是超额价格模型、超额回报模型和价格模型，并认为，在披露总括盈余指标之外，进一步披露盈余的各结构性项目能够有助于投资者分析和判断公司价值，所以分步式盈余信息是有用的。

程等（Cheng et al.，1993）对比研究了综合收益、营业利润、净利润指标的相对信息含量和增量信息含量。结果是，在相对信息含量方面，营业利润、净利润、综合收益的拟合优度依次从大到小；能够解释营业利润与净利润差异的项目具有增量的信息含量，但综合收益与净利润的差异项目不具有增量信息含量。所以得出结论，衡量公司经营业绩最佳的盈余数据还是营业收入和营业支出。达利瓦等（1999）认为净利润、未实现证券利得、外币换算调整和最小养老金负债调整构成综合收益，后三项为其他综合收益，研究发现，在价值相关性及预测未来现金流和收入的能力方面，并没有可靠的证据能够证明综合收益比净利润更有优势；在其他综合收益中，未实现证券利得可以提高盈余与股票回报之间的相关性，其他的项目并不具有这个作用。

5.1.3　股票投资的价值相关性分析

上市公司的股票投资行为对上市公司的会计盈余和净资产都产生直接的影响，资产负债表和利润表中的信息变化也与这种行为有着一定的联系。按照 2006 年发布的《企业会计准则第 22 号——金融工具确认与计量》（CAS22）的规定，股票投资的价格变动在会计处理上表现为两类：一类是计入当期盈余的价格变动，即持有待售的交易性金融资产的价格变动计入“公允价值变动损益”，以及当期处置的股票投资其处置价值与账面价值的差额计入“投资收益”；另一类是计入权益的价格变动，即持有的可供出售金融资产的价格变动在期末时计入“资本公积”，等到处置该可供出售金融资产时，处置所得的价款与其账面价值的差额部分，计入到“投资收益”项目，同时，与处置部分相对应的将原计入“资本公积”的公允价值累计变动额再转入“投资收益”。

上市公司“资本公积”账户的变动将直接影响净资产，导致“每股净资产”的变化；“公允价值变动损益”和“投资收益”作为当期会计盈余的组成内容，会引起“每股收益”的变化。因此无论是将股票投资计入“交易性金融资产”还是“可供出售金融资产”，按照奥尔森的剩余收益定价模型，最终反映在股票市场上的结果都可能是持股公司的股价随着股票市场的波动而变动。

交叉持股的存在使得公司市场表现与公司业绩之间形成了自我

强化机制。在对股票投资实行公允价值计量的条件下，这种机制便表现为“持有的股票股价上涨→股票投资的市值增加→持股公司净资产、每股收益等增加→持股公司股价上涨”，所以一定程度上助推了牛市的形成。然而股票市场不可能永远处于牛市，只要某一行业上市公司的业绩下降，或其他影响因素（如 2008 年的金融危机）导致股价下跌的话，交叉持股必然会通过被持股公司的股价下跌造成持股公司的业绩下降，于是整个过程将发生逆转，犹如推翻的多米诺骨牌，其连锁效应足以带动整个资本市场由牛市走向熊市。杨萍（2007）认为，上海本地股中交叉持股现象表现得尤为普遍，这种繁杂的持股结构安排，使其形成利益共同体，整个股票市场板块紧密结合在一起，在二级市场上则表现出了“股价联动特征”。所以，由上市公司相互之间股票投资而产生的会计信息，影响着持股公司股价的上下波动，整体上具有价值相关性。

白默、张艳霞（2010）从上市公司交叉持股角度分析公允价值计量模式下的盈余反应，实证分析结果发现，如果公司盈余中包含股价波动导致的“公允价值变动损益”，与没有交叉持股的上市公司相比，这类公司的盈余反应系数要高；将股票投资分别计入“交易性金融资产”或“可供出售金融资产”、“长期股权投资”，不会带来盈余反应系数的显著差异。李玉翠等（2009）以 2005 ~ 2007 年上半年 A 股市场交叉持股的上市公司为研究样本，发现在我国股票市场中，上市公司的交叉持股对公司价值确实存在影响；但在他们的研究期间中，上市公司交叉持股数量与公司市场价值和内在价值的偏离程度的关系并没有显现出统一的规律性。陈学彬、许敏敏（2010）研究认为上市公司盈利波动性的增加一定程度上与公允价值变动产生的净损益相关，披露该公允价值变动损益信息会影响上市公司股票价格。在上市公司交叉持股的情况下，这种盈利波动和股价变化带来助涨助跌的效果，加速了金融危机的扩散和传播。

基于以上对前人研究成果的分析，分解后的盈余项目对股价的解释力度大于总盈余的解释力度，因此接下来本书将从综合收益的角度对股票投资价值变动进行分解，分别研究其各个组成项目与股价的价值相关性。

5.2 价值相关性研究的实证研究设计

5.2.1 价值相关性研究的研究假设

在公允价值计量模式下，部分资产负债项目的公允价值数额波动要计入当期盈余。但它们是未实现盈余，与其他盈余项目在持续性和风险等方面都有差别，国外很多研究者（Collins & Salatka，1993；Billy S. Soo & Lisa G. S.，1994；Barth，1994）都关注并研究了投资者怎样利用未实现盈余的信息评估公司价值，进而影响公司股票的收益率或价格。

按照新准则的规定，上市公司股票投资的价值变动包括两部分：计入利润的股票投资价值变动和计入其他综合收益的价值变动，后者计入了其他综合收益中的资本公积。

计入利润的股票投资价值变动是股票投资的处置损益和计入交易性金融资产的股票投资的公允价值变动损益之和。即因股票投资而形成的“投资收益”和“公允价值变动损益”。

计入其他综合收益的股票投资价值变动，是归类为可供出售金融资产的股票投资在持有期间的公允价值变动，体现在“资本公积——其他资本公积中”，是未实现损益。

所以，上市公司股票投资的价值变动符合综合收益的概念，在新会计准则的规定下，形成一个具有不同组成项目的“整体”，散见于综合收益的不同项目中。本书将借鉴上述盈余构成项目与股价相关性研究的思路和做法，对上市公司股票投资的价值变动与股价的相关性进行分层次研究，剖析和比较各构成项目的价值相关性。

本书拟分成三个层次进行研究。

层次一：综合收益各项目的价值相关性比较，即计入利润的价值变动与计入其他综合收益的价值变动的价值相关性比较分析。

由于股票的价格传导机制，上市公司持有的其他公司股票价格变动，将影响自身的股价变动。佩特罗尼和瓦伦（1995）的研究表明，交易型证券以公允价值计量，而且其流动性较强，与流动性较弱的投资项目相比，它具有更强的价值相关性。罗摩克里希纳和托马斯（1998）认为，会计盈余具有不同的组成部分，每个部分的价值含义不同，对未预期盈余而言，能更好地解释价格—盈余关系的做法是，用各组成部分乘以其各自对应的、不同的盈余反应系数，而不是用总计的未预期盈余乘以单一盈余反应系数。潘（2007）按照永久性和暂时性的分类标准，将盈余、股利和股价分别进行了分解，运用协整的方法研究表明，永久性盈余和股利能够对95%的股价变化作出解释。孟焰、王伟（2009）的研究表明，投资者做出定价判断时，是能够区分每股扣除非经常性损益后收益和每股非经常性损益这两种信息，并且更认可扣除非经常性损益后的每股收益。倪国爱、刘欣（2000）、于海燕、黄一鸣（2005）等的研究表明，每股收益、资产净利率、销售利润率等盈余指标对企业价值的解释强度高于净资产指标。对于非金融保险行业的上市公司，由于股票投资不是其主业，上市公司股票投资行为对自身股价的影响要小于其主营业务利润对自身股价的影响。因此提出假设1。

假设1：上市公司的股票投资，计入利润的价值变动和计入资本公积的价值变动均具有价值相关性，前者的相关程度高于后者，但低于主营业务利润。

此处计入利润的价值变动包括因股票投资而形成的“公允价值变动损益”和“投资收益”。

对于主营业务利润，笔者将其界定为：主营业务利润 = 营业收入 - 营业成本 - 营业税金及附加 - 销售费用 - 管理费用 - 财务费用。

层次二：同属于未实现利得（损失）的价值变动，其不同构成项目的价值相关性比较，即计入资本公积的持有期间价值变动与计入公允价值变动损益的持有期间价值变动的价值相关性比较分析。

对于交易性金融资产和可供出售金融资产，其持有期间的价值变动，同属于未实现利得（损失），具有不可预测性和一定的风险。但是由于会计处理上的人为划分，分别作为“公允价值变动损益”和“资本公积”进行核算和披露，势必会对持股企业的股价产生不同程度的相关性影响。为此，提出以下一对相反假设。

假设 2a：计入资本公积的价值变动比计入公允价值变动损益的价值变动相关性程度低。

假设 2b：计入资本公积的价值变动比计入公允价值变动损益的价值变动相关性程度更高。

层次三：计入会计盈余部分的价值变动，其不同构成项目的价值相关性比较，即投资收益与公允价值变动损益的价值相关性比较分析。

如前文所述，对于收益的确定，资产负债观和收入费用观在具体会计处理中的一个明显不同就体现在未实现损益的处理上：资产负债观下，当期净资产的净增长额就是企业的收益，实现问题在确定收益时不予考虑，所以未实现损益包含在收益中；收入费用观确定收益的依据是配比原则，直接确认一定时期已实现的收入和为取得这些收入而发生的费用，所以未实现损益不包含在其中。同样是计入利润的价值变动，公允价值变动损益只是暂时性的价值变动，属于未最终实现的损益，其未来变动的可能性较大；而投资收益反映的是股票投资的处置价与购入价的最终差额，即已实现损益。那么资本市场是否会对披露的已实现损益和未实现损益进行甄别，做出不同程度的市场反应？公允价值变动产生的净损益会增加上市公司盈利的波动幅度，并且会影响到上市公司股票的价格，即投资者会对公允价值变动损益带来的公司盈利额外波动要求风险溢价（陈学彬、许敏敏，2010）。笔者认为，从会计稳健性角度出发，投资收益比公允价值变动损益对股票价格具有更强的影响力。因此提出假设3。

假设3：计入投资收益的价值变动比计入公允价值变动损益的价格变动具有更高的价值相关性。

以上三个层次从不同的角度对股票投资产生的综合收益进行了层层分解，分别探究它们的价值相关性。

5.2.2 价值相关性研究的实证模型

奥尔森（1995）、费雪和奥尔森（Feltham & Ohlson，1995）在对股利贴现模型转换的基础上，推导出了留存收益估价模型（residual income valuation model），用当前的净资产账面价值和预期未来超常利润的现值表示企业股票的内在价值。预期未来超常利润等于预测利润减去资本费用。所以公司t时刻的股价可表示为：

$$P_t = BV_t + \sum_{k=1}^{\infty} \frac{E_t[X_{t+k} - r \times BV_{t+k-1}]}{(1+r)^k}$$

其中，BV_t 是t时刻净资产的账面价值，r是按权益利润或现金流量的风险计算的贴现率，$E_t[X_{t+k} - r \times BV_{t+k-1}]$ 是t时刻超常利润的期望值。

上述的公式由于包含贴现率r，所以方程的解释力度不够高（Maydew，1993）。后来的学者们经过进一步推导简化后，得到了如下修正的奥尔森模型：

$$P_{it} = \alpha_0 + \alpha_1 E_{it} + \alpha_2 BV_{it} + \varepsilon_{it}$$

其中：P_{it}代表t年年报公布以后i企业的每股股票价格，E_{it}代表t年i企业的每股会计盈余，BV_{it}代表t年i企业的每股净资产账面价值。

科萨里和齐默尔曼（Kothari & Zimmerman，1995）建议，在评价会计信息的价值相关性时使用收益模型和价格模型。大多数的研究者都听从了这个建议，所以已有的会计盈余价值相关性研究文献主要采用的是这两类模型。价格模型的被解释变量是股票价格，股票价格与净资产账面价值、会计收益的相关性是其研究的中心内容；收益模型的被解释变量是股票收益，股票收益与会计收益及会计收益变动之间的关系是该模型的研究内容。从价格模型与收益模型的推导来看，它们都是从未来预期现金流量折现推导出来的；前提假设也相同，即预期未来现金流量的信息已经包含在当前会计盈余中。但是从市场的角度来看，当前会计盈余是由未预期盈余和已预期盈余组成的。在收益模型中，已预期盈余显然与股票收益不相关，这就造成了被解释变量选择的误差，所以采用收益模型得出的盈余反应系数会有偏差。而在价格模型下，当前的股票价格反映的是会计盈余的累积影响（Kothari & Zimmerman，1995），价格模型得到的盈余反应系数是实际反应系数的无偏估计，这是价格模型的优势之一。价格模型的第二个优势就是，收益模型仅仅评价会计盈余的价值相关性；而价格模型则更深入一步，它还能表明公司股价与净资产、会计盈余相联系的作用机理，表明净资产和会计盈余在证券定价中的不同作用。

袁淳（2005）比较了收益模型和价格模型的结果，为了增强两种模型结果的可比性，他采用同一样本和相同的研究方法，发现使用价格模型得出的 R^2 远远高于收益模型的 R^2，证实了以上的分析。陈（Chen，2001）同时利用价格模型和收益模型研究了中国上市公司，发现价格模型的回归效果能更好，但两种模型都能证明会计信息与股票价格相关。

所以，本部分研究采用柯林斯等（Collins et al.，1997）以及陆宇峰（2000）运用的修正后的奥尔森（1995）价格模型，即

$$P_{it} = \alpha_0 + \alpha_1 E_{it} + \alpha_2 BV_{it} + \varepsilon_{it}$$

其中：P_{it}代表每股股票价格，E_{it}代表每股会计盈余，BV_{it}代表每股净资产。

为检验假设 1，构造模型 5－1。

$$P_{i,t} = a_0 + a_1 PLPF_{i,t} + a_2 POE_{i,t} + a_3 PCSI_{i,t} + \xi$$

（模型 5－1）

预期 $a_2 > a_1 > a_3 > 0$。

为检验假设 2a、2b 和假设 3，构造模型 5－2。

$$P_{i,t+1} = b_0 + b_1 PCSI_{i,t} + b_2 NPCSI_{i,t} + b_3 PLFFV_{i,t} + b_4 SIP_{it} + b_5 POE_{it} + \eta \quad (模型5-2)$$

预期 b_1、b_2、b_3、b_4、b_5 均大于 0；且若假设 2a 成立则 $b_3 > b_1$，假设 2b 成立则 $b_3 < b_1$；若假设 3 成立则 $b_4 > b_3$。

5.2.3 价值相关性研究的变量设计

模型中的具体变量定义如表 5－1 所示。

表 5－1 股票投资价值相关性研究变量界定及含义

变量	变量含义
股价（$P_{i,t}$）	被解释变量，i 公司股票在 t 年最后一个交易日的收盘价
每股股票投资利润（$PLPF_{it}$）	解释变量，i 公司 t 年的每股股票投资利润，代表计入利润的价值变动，包括公允价值变动损益、投资收益。检验假设 1
每股主营业务利润（POE_{it}）	解释变量，i 公司 t 年的每股主营业务利润，其数值等于（营业收入－营业成本－营业税金及附加－销售费用－管理费用－财务费用）/平均总股本。检验假设 1
股票投资价值变动产生的每股净资产（$PCSI_{it}$）	解释变量，i 公司 t 年末的每股可供出售金融资产引致的资本公积变动，代表计入资本公积的价值变动
剔除可供出售金融资产价值变动影响的每股净资产（$NPCSI_{it}$）	解释变量，i 公司 t 年的每股（净资产－因公允价值引致的资本公积变动）
因股票投资产生的每股公允价值变动损益（$PLFFV_{it}$）	解释变量，i 公司 t 年的因股票投资产生的每股公允价值变动损益。检验假设 2 和假设 3
每股股票投资收益（SIP_{it}）	解释变量，i 公司 t 年的每股股票投资收益。检验假设 3

$P_{i,t}$为因变量，代表上市公司股票价格，用各股票 t 年最后一个交易日的收盘价代表。

PLPF（profits and losses on the price fluctuation）为自变量，代表上市公司因股票投资产生的每股利润，包括公允价值变动损益和投资收益，用（每股公允价值变动损益 + 每股股票投资收益）来表示。

POE（per operating earnings）为自变量，表示每股主营业务利润。选用（营业收入 - 营业成本 - 营业税金及附加 - 销售费用 - 管理费用 - 财务费用）/股本总数作为变量。

PCSI（per capital from stock investment）为自变量，代表上市公司股票投资价值变动产生的每股净资产，以计入资本公积的股票投资价值变动来计量。该数据由笔者从年度报告中手工整理得到。

NPCSI 为自变量，代表上市公司扣除股票投资价值变动后的每股净资产，即（净资产 - 计入资本公积的股票投资价值变动）/平均股份总数。

PLFFV（profits and losses on the fluctuation in fair value）为自变量，代表计入公允价值变动损益的价值变动，以每股公允价值变动损益来计量。

SIP（stock investment profits）为自变量，代表上市公司股票投资产生的每股投资收益。

在以上变量的计算中，对于代表每股会计指标的变量，均除以该上市公司在 t 年的平均股份总数。股票投资产生的投资收益和资本公积的变动，由笔者手工整理分析各家上市公司的年度报告得到。

5.2.4　价值相关性研究的样本选择

本章研究选择的样本是，2007 ~ 2009 年年末有交叉持股的沪深主板上市公司，并剔除金融保险行业公司、所持股份全部是长期股权投资的公司，得到初步的样本公司 2007 年 408 家，2008 年

425 家，2009 年 420 家。

选择 2007～2009 年为研究期间，是因为这三年中我国上市公司面临的制度环境和股票市场环境各有不同，分别具有代表性。其一，2007 年是新企业会计准则实施的第一年，金融资产使用公允价值进行确认、计量，综合收益的概念初步体现在财务报告体系；当年股市行情火爆，参与股票投资的上市公司急剧增多，2007 年股指处在高位。其二，2008 年股票市场由牛市跌入熊市，全球遭受金融危机的重创，我国的资本市场也未能幸免其难，在这样的环境中，上市公司的股票投资行为及其盈余管理行为将出现新的特征。其三，2009 年财政部改变了利润表格式，增加披露“其他综合收益”和“综合收益总额”相关信息；同年《关于执行会计准则的上市公司和非上市企业做好 2009 年年报工作的通知》中明确提出“其他综合收益”的概念，对其他综合收益在财务报表附注中披露的内容和格式作出统一规定，其中包括“可供出售金融资产产生的利得（损失）金额”的变动情况；同年股票市场行情趋于平稳，比 2008 年有所好转。在制度规定趋于明晰，股票市场趋于稳定的环境下，上市公司的股票投资及其盈余管理行为可能更具有一般代表性。

在做实证分析时，本研究剔除了在 12 月之前停牌的样本，因为长时间停牌的公司通常面临重大的不确定事项，股价受此影响较大，不适合作为研究样本；此外，在做回归分析前还剔除了变量观测值有异常值的离群点公司的数据。这样，剔除的样本公司 2007 年有 13 家，2008 年有 3 家，2009 年有 1 家。[①] 最后得到的实际有效样本是 2007 年 395 家，2008 年 422 家，2009 年 419 家。

---

① 剔除的样本公司证券交易代码分别是：2007 年，000010、000529、000736、000931、000962、600146、600316、600547、600648、600704、600757、600841、600893；2008 年，600259、600854、600900；2009 年，000156。

5.2.5 价值相关性研究的数据来源

笔者从万得（WIND）数据库中获得每年末交叉持股的A股上市公司名单，该数据库还提供了每家上市公司持股股票的名称、投资金额、投资类型、期末账面价值、期末参考市值等数据，笔者通过逐家查看其持股明细，剔除了所持股份全部是长期股权投资的公司。而后逐家查看这些交叉持股上市公司的年报并进行分析，手工整理出股票投资产生的资本公积变动数、股票投资产生的投资收益数额。研究所需的股票价格、营业收入、营业成本、公允价值变动损益和其他财务数据则从国泰安金融研究数据库（CSMAR）中获得。

5.3 价值相关性研究的实证结果分析

5.3.1 价值相关性研究的描述性统计分析

在做回归分析之前，本书先通过Excel和计量经济学软件5.0（Eviews5.0），进行了变量的描述性统计分析，各变量的描述性统计结果如表5－2所示。

表5－2　股票投资价值相关性研究变量的描述统计表

年份	统计量	P	PLPF	POE	PCSI	NPCSI	PLFFV	SIP	样本容量
2007	均值	18.81	0.12	0.32	0.39	3.75	0.01	0.11	395
	标准差	12.95	0.32	0.59	1.49	2.23	0.05	0.30	
	最小值	6.09	−0.11	−2.15	−0.26	0.31	−0.11	−0.01	
	最大值	89.00	3.95	3.86	20.13	15.16	0.57	3.91	

续表

年份	统计量	P	PLPF	POE	PCSI	NPCSI	PLFFV	SIP	样本容量
2008	均值	6.42	0.01	0.27	-0.24	3.88	-0.02	0.03	422
	标准差	4.80	0.13	0.67	0.85	2.86	0.10	0.09	
	最小值	1.98	-1.32	-2.69	-10.94	-20.95	-1.32	-0.24	
	最大值	38.51	0.97	5.23	6.31	21.42	0.24	0.97	
2009	均值	13.58	0.06	0.30	0.16	3.68	0.01	0.05	419
	标准差	8.25	0.13	0.59	0.59	2.72	0.05	0.13	
	最小值	3.73	-0.22	-0.88	-0.10	-23.97	-0.18	-0.27	
	最大值	64.48	1.19	5.90	7.96	18.51	0.52	1.19	

从以上各变量的统计可以看出：

P，即股票投资上市公司在年末最后一个交易日的股价，在2007年最大值为89，最小值为6.09，均值为18.81；而在2008年最大值为38.51，最小值为1.98，均值为6.42；在2009年最大值为64.48，最小值为3.73，均值为13.58。这说明，深沪两市主板市场中，股价在2007年高涨后，2008年大幅回落，平均股价跌至2007年平均水平的近1/3；2009年则出现平稳回升，平均股价涨至2008年的近两倍，相当于2007年平均股价的2/3。

PLPF，即上市公司因股票投资产生的每股利润，在2007年最大值为3.95，最小值为-0.11，均值为0.12；而在2008年最大值为0.97，最小值为-1.32，均值为0.01；在2009年最大值为1.19，最小值为-0.22，均值为0.06。所以，2007年的最大值、最小值和均值都是三年中最高的，2009年次之，而2008年的最低。这是因为2007年股票市场是大牛市，上市公司的股价普遍较高，一方面使持有的按公允价值计量的股票投资产生了大额的公允价值变动损益；另一方面，许多上市公司对股票投资进行了处置，带来了可观的投资收益。而2008年股票市场行情出现了逆转，股票投资的“双刃剑”作用发挥了其消极性的一面，反而拖累了上市公司的主营业绩，从整体来看，股票投资利润甚至达到了盈亏临界点。2009 年股票市场稳中有升，股票投资带来的利润也在增长。三年中，标准差分别是 0. 32、0. 13、0. 13，这说明在市场行情最好的 2007 年，股票投资给交叉持股上市公司带来的利润差别最大。

POE，即每股主营业务利润，在 2007 年最大值为 3. 86，最小值为 - 2. 15，均值为 0. 32；而在 2008 年最大值为 5. 23，最小值为 - 2. 69，均值为 0. 27；在 2009 年最大值为 5. 90，最小值为 - 0. 88，均值为 0. 30。从均值来看，样本公司的每股主营业务利润在这三年间基本平稳，2008 年最低，2009 年仍低于 2007 年。2008 年的金融危机对我国实体经济还是有一定程度的危害，总体的每股主营业务利润并没有实现逐年上升的发展目标，而是随经济形势变化出现了小幅的震荡。在 2009 年最大值和最小值均为最高。三年中，标准差分别是 0. 59、0. 67、0. 59，这说明持有股票投资的上市公司之间其主营业务利润在 2008 年差别最大，但三年间基本平稳。所以，上市公司的主营业务受股票市场波动的影响并不大。从另一个角度讲，在样本期间主营业务利润保持平稳，也有利于本书分析股票投资对上市公司股价波动的影响。

比较 PLPF（上市公司因股票投资产生的每股利润）与 POE（每股主营业务利润），在本书的研究期间，POE 均大于 PLPF，在 2008 年 PLPF 的均值只有 POE 均值的 3%，2007 年则为 37. 5%，2009 年为 20%。在 2007 年，PLPF 的最大值（3. 95）曾一度超过 POE 的最大值（3. 86）。这说明，主营业务利润对公司盈余的贡献要大于股票投资利润，而后者更容易受股票市场行情的影响。

PCSI，即上市公司股票投资价值变动产生的每股其他综合收益。在 2007 年最大值为 20. 13，最小值为 - 0. 26，均值为 0. 39；而 2008 年最大值为 6. 31，最小值为 - 10. 94，均值为 - 0. 24；2009 年最大值为 7. 96，最小值为 - 0. 10，均值为 0. 16。股票投资产生的每股其他综合收益与股票投资产生的每股利润的变化趋势是一致的。在研究期间，其最大值都大于股票投资产生的每股利润的最大值；除 2008 年以外，其均值在 2007 年和 2009 年也都大于股票投资每股利润的均值。这说明，上市公司更倾向于将股票投资计入可供出售金融资产。三年中，标准差分别是 1.49、0.85、0.59，远大于三年期间相对应的股票投资每股利润，尤其是 2007 年这一数值较大，说明 2007 年股票投资产生的每股其他综合收益在不同的上市公司之间变动的幅度还较大。比较该变量与 POE（每股主营业务利润），在 2007 年，PCSI 的均值（0.39）曾一度超过 POE 的均值（0.32）；2008 年两个变量的均值都减小了，POE 减小的幅度不大，而 PCSI 的均值跌至 -0.24；2009 年二者均值都增大，PCSI 的均值小于 POE。可以看出，PCSI 的变化趋势也带有明显的市场行情特征。

NPCSI，即上市公司扣除股票投资价值变动后的每股净资产。在 2007 年最大值为 15.16，最小值为 0.31，均值为 3.75；而 2008 年最大值为 21.42，最小值为 -20.95，均值为 3.88；2009 年最大值为 18.51，最小值为 -23.97，均值为 3.68。从其均值来看，上市公司扣除股票投资价值变动后的每股净资产在 2007～2009 年间比较平稳。而在 2007 年，PCSI（上市公司股票投资价值变动产生的每股其他综合收益）的最大值甚至大于该年 NPCSI（上市公司扣除股票投资价值变动后的每股净资产）的最大值，从一个侧面可以反映出，2007 年上市公司热衷于股票投资，而且股价上涨带来了可供出售金融资产价值的急剧增长。

PLFFV，代表计入公允价值变动损益的价值变动，简称为每股公允价值变动损益。在 2007 年最大值为 0.57，最小值为 -0.11，均值为 0.01；而 2008 年最大值为 0.24，最小值为 -1.32，均值为 -0.02；2009 年最大值为 0.52，最小值为 -0.18，均值为 0.01。其最大值、最小值和均值在 2007～2009 年的发展趋势与 PLPF（上市公司因股票投资产生的每股利润）相应值的发展趋势是一致的，都是在 2008 年大幅下降，2009 年有所回升。从均值的大小来看，每股公允价值变动损益占股票投资每股利润的比例较小，说明在股票投资产生的利润中，这种未实现损益所占比重较小，主要成分还是已实现损益，即股票投资的投资收益。

SIP，代表上市公司股票投资产生的每股投资收益，这是股票投资的已实现损益。在 2007 年最大值为 3.91，最小值为 -0.01，均值为 0.11；而 2008 年最大值为 0.97，最小值为 -0.24，均值为 0.03；2009 年最大值为 1.19，最小值为 -0.27，均值为 0.05。其最大值、最小值和均值在 2007 ~ 2009 年的发展趋势与 PLPF（上市公司因股票投资产生的每股利润）、PLFFV（计入公允价值变动损益的价值变动）相应值的发展趋势是一致的，都是在 2008 年大幅下降，2009 年有所回升。从均值的大小来看，这种已实现损益在股票投资每股利润中所占比重较大，大于未实现损益。三年中，标准差分别是 0.30、0.09、0.13，2007 年标准差最大，说明在 2007 年，交叉持股上市公司的股票投资已实现损益差别最大。而在 2007 年，股票投资利润中，已实现损益（SIP）与未实现损益（PLFFV）均值的差额为 0.1，为三年中的最大（2008 年这一数值为 0.05，2009 年为 0.04），说明在 2007 年股票市场行情好的时期，股票投资公司通过处置所持股票获得了较大的投资收益。

5.3.2　模型 5 - 1 的回归结果分析

笔者运用以上数据进行了回归分析，检验前文的研究假设。数据处理和回归分析主要采用 Excel 和计量经济学软件 5.0（Eviews5.0）。对于模型 5 - 1 和模型 5 - 2，回归分析中发现有异方差性的已用加权最小二乘法进行估计，报告的是加权最小二乘回归的结果，经检验，各模型并不存在横截面的序列相关性。

模型 5 - 1 的线性回归分析结果如表 5 - 3 所示。

表 5-3　　　　模型 5-1 回归分析结果

年份	变量	系数	标准差	t 值	P 值	R^2	F
2007	PLPF	9.840	0.181	54.344***	0.000	0.493	152.853***
	POE	16.626	0.137	121.654***	0.000		
	PCSI	1.255	0.077	16.364***	0.000		
	C	11.963	0.017	702.516***	0.000		
2008	PLPF	-1.161	1.585	-0.733	0.464	0.322	66.056***
	POE	4.071	0.290	14.038***	0.000		
	PCSI	-0.208	0.233	-0.890	0.374		
	C	5.295	0.216	24.566***	0.000		
2009	PLPF	4.423	2.439	1.814*	0.071	0.452	114.001***
	POE	9.382	0.511	18.352***	0.000		
	PCSI	0.965	0.542	1.780*	0.076		
	C	10.312	0.370	27.884***	0.000		

注：*** 表示在 1% 的水平下显著，** 表示在 5% 的水平下显著，* 表示在 10% 的水平下显著。

从表 5-3 看到，回归模型 5-1 的可决系数 R^2 较高，并且 F 检验在 1% 的水平下显著，说明模型 5-1 的整体线性性显著，也就是说模型 5-1 中选择的解释变量是影响股价的重要因素，即上市公司因股票投资产生的每股利润（PLPF）、上市公司每股主营业务利润（POE）、上市公司股票投资价值变动产生的每股净资产（PCSI）都具有价值相关性。所以，上市公司的股票投资行为所产生的综合收益对持股公司的股价具有价值相关性。但从常数项都显著来看，其他未包括的因素对股价的影响也是不可忽视的。

（1）从回归系数的符号来看，2007 年和 2009 年的回归结果中，解释变量 PLPF（上市公司因股票投资产生的每股利润）、POE（上市公司每股主营业务利润）、PCSI（上市公司股票投资价值变动产生的每股净资产）前的系数 a_1、a_2、a_3 均为正，符合理论预期。对于2008年的样本，变量PLPF（上市公司因股票投资产生的每股利润）和PCSI（上市公司股票投资价值变动产生的每股净资产）前的回归系数 $a_1<0$、$a_3<0$，与理论不符，但t检验的P值较大，说明这种对理论的违背在统计上并不显著。造成2008年变量PLPF和PCSI回归系数为负数的原因，可能是2008年股市大幅下挫，该年样本公司的PCSI（上市公司股票投资价值变动产生的每股净资产）均值为-0.24，PLPF（上市公司因股票投资产生的每股利润）均值也仅为0.01，按公允价值计量的股票投资价值出现大幅缩水，其价值变动无论是计入“资本公积”还是“公允价值变动损益”，都表现为负数或处在正负临界点上。由于资本市场在2008年受到金融危机的影响，公允价值信息的相关性在该年表现不是很显著，表明公允价值信息的价值相关性容易受到资本市场环境的影响（王建新，2010）。总体来看，模型1的回归系数符号是基本符合理论的。

（2）从回归系数的显著性来看，在2007年，各解释变量的系数都在1%的水平下显著。在2008年，POE的系数在1%的水平下显著，其他两个变量的系数则不显著。在2009年，POE的系数在1%的水平下显著，其他两个变量的系数在10%的水平下显著。以上结果表明，在各个年份，每股主营业务利润始终都是影响股价的重要因素，而计入利润的股票投资价值变动和计入资本公积的股票投资价值变动对股价的影响并不稳定，重要性也不如每股主营业务利润。PCSI（上市公司股票投资价值变动产生的每股净资产）和PLPF（上市公司因股票投资产生的每股利润）系数的显著性与年份中股票市场的兴衰有关系。在股市兴盛时则显著影响公司的股价；在股市衰败时，对公司股价发挥主要影响力的还是主营业务利润；在股市回暖时，股票投资的价值变动对公司股价的影响得到加强，但仍没有达到股市兴盛时的影响力。这从侧面反映，虽然股票投资以公允价值计量，极易造成持股公司利润和净资产的上下波动，但其对持股公司的影响仍在可控范围内，一方面是由于多数上市公司的业务发展重点仍在主营业务上，主营业务利润仍是主要影响因素；另一方面，持股公司可以通过对股票持有与处置时机的选择来避免股票投资对公司股价和业绩造成严重的负面影响，股票投资“助涨”的作用发挥显著，但“助跌”的程度仍是可控的。

（3）从回归系数的大小关系来看，在2007年和2009年，POE（上市公司每股主营业务利润）的回归系数大于PLPF（上市公司因股票投资产生的每股利润）的回归系数，后者又大于PCSI（上市公司股票投资价值变动产生的每股净资产）的回归系数，即 $a_2 > a_1 > a_3 > 0$，与预期相符。说明一单位主营业务利润的变动对股价的影响要大于一单位计入利润的股票投资价值变动的影响，而后者的一单位数值变动对股价的影响又大于一单位计入资本公积的股票投资价值变动的影响。在2008年，虽然系数的符号不合理，但从系数的绝对值来看，上面的大小关系仍然是成立的。

综上所述，实证结果支持假设1成立。

5.3.3 模型5－2的回归结果分析

对模型5－2的线性回归分析结果如表5－4所示。

表5－4　　模型5－2回归分析结果表

年份	变量	系数	标准差	t值	P值	R^2	F
2007	PCSI	1.116	0.052	21.293***	0.000	0.581	108.105***
	POE	11.507	0.045	255.475***	0.000		
	NPCSI	1.411	0.016	87.234***	0.000		
	PLFFV	36.707	2.001	18.346***	0.000		
	SIP	3.311	0.192	17.206***	0.000		
	C	8.576	0.049	175.308***	0.000		

续表

年份	变量	系数	标准差	t 值	P 值	R^2	F
2008	PCSI	0.801	0.260	3.088 ***	0.002	0.400	55.449 ***
	POE	2.709	0.332	8.152 ***	0.000		
	NPCSI	0.607	0.086	7.092 ***	0.000		
	PLFFV	4.531	1.914	2.368 **	0.018		
	SIP	2.022	2.077	0.973	0.331		
	C	3.399	0.329	10.333 ***	0.000		
2009	PCSI	0.429	0.054	8.008 ***	0.000	0.509	85.540 ***
	POE	7.052	0.046	154.474 ***	0.000		
	NPCSI	0.888	0.006	140.779 ***	0.000		
	PLFFV	4.588	1.108	4.139 ***	0.000		
	SIP	2.848	0.175	16.266 ***	0.000		
	C	7.884	0.030	258.795 ***	0.000		

注：*** 表示在 1% 的水平下显著，** 表示在 5% 的水平下显著，* 表示在 10% 的水平下显著。

从表 5-4 看到，模型 5-2 的可决系数 R^2 在样本期间均比模型 5-1 高。2007 年为 0.581，高于同年模型 5-1 的 0.493；2008 年为 0.400，而同年模型 5-1 的 R^2 为 0.322；2009 年 R^2 为 0.509，而同年模型 5-1 为 0.452。说明在将股票投资产生的利润和净资产都进一步拆分后，对持股公司股价波动的解释力度得到了加强。利普（1986）研究表明，盈余构成项目比总括盈余对股票回报具有更强的解释能力。阿拉姆和布朗（Alam & Brown，2006）的研究发现，将盈余分解之后，R^2 明显增大，分解盈余对下期盈余和股价的预测能力也有明显的提高。

从 F 检验来看，模型 5-2 的 F 值在 2007～2009 年间均在 1% 的水平下显著，说明模型的整体线性性显著，即模型中的解释变量 POE（每股主营业务利润）、PCSI（股票投资价值变动产生的每股净资产）、NPCSI（扣除股票投资价值变动后的每股净资产）、

PLFFV（每股公允价值变动损益）和 SIP（股票投资每股投资收益）是影响股价的重要因素，也就是说，无论计入会计盈余还是净资产，无论是已实现损益还是未实现损益，综合收益的各个组成项目都具有价值相关性。但从常数项都显著来看，其他未包括的因素对股价的影响也是不可忽视的。

（1）从回归系数的符号来看，各年份各解释变量的回归系数均为正数，符合理论预期。在模型 5－1 的线性回归结果中，我们曾看到，2008 年解释变量 PLPF（上市公司因股票投资产生的每股利润）和 PCSI（上市公司股票投资价值变动产生的每股净资产）的回归系数 $a_1<0$、$a_3<0$，与理论不符；模型 5－2 在将综合收益细化分解后，2008 年解释变量的回归系数为正，与理论预期相符。这说明，从综合收益的角度来看，总括收益指标对股票价值的解释力度小于其各个组成项目的解释力度，这个结果与利普（1986）、弗里曼（1986）等学者对会计盈余指标分解后得到的结果是一致的。

（2）分析回归系数的显著性，由 t 检验的 P 值可知，对于 2007 年和 2009 年的样本，各解释变量均在 1% 的水平下显著。对于 2008 年的样本，除变量 SIP（股票投资每股投资收益）之外，其余变量均在 5% 的水平下显著。这说明，在 2008 年股市受到重创时期，股票投资价值变动的各项目与股票价格的相关性程度降低，公允价值计量的结果受外界资本市场的影响。

（3）从回归系数的大小关系来看，在 2007 年、2008 年和 2009 年，变量 PLFFV（每股公允价值变动损益）的系数均大于变量 PC-SI（股票投资价值变动产生的每股净资产）的系数，即 $b_3>b_1$，该结果支持假设 2a 成立，即计入资本公积的价值变动比计入公允价值变动损益的价值变动相关性程度低。这说明，计入会计盈余的未实现损益比计入净资产的未实现损益对股票价格的解释力度大。笔者认为，这是由于长期以来资本市场及监管环境对会计盈余指标的重视而形成的，收入费用观在目前的资本市场上仍然占据主导地位。柯林斯等（1997）和其他学者的研究结果表明，因为会计盈余常常含有大量的暂时成分，账面净资产在估计股价中具有更强大的作用。本书的实证结果与柯林斯等（1997）的结论是相反的。

（4）变量 SIP（股票投资每股投资收益）的系数在样本研究的 2007 ~ 2009 年期间均小于变量 PLFFV（每股公允价值变动损益）的系数，即 $b_4 < b_3$，该结果不支持假设 3，并且与之相反。这说明，公允价值变动损益（利润中的未实现损益）与股价的价值相关性程度高于投资收益（利润中的已实现损益）与股价的相关性程度。尤其在 2007 年二者系数之差（33.396）远远大于 2008 年和 2009 年二者的系数之差（分别为 2.509 和 1.74）。这可能是由于，公允价值变动损益虽然是一种未实现损益，但它是公允价值变动的产物，在将来还会受到公允价值波动的影响，继而影响以后期间的会计盈余；而股票投资收益是已实现的损益，只对当期盈余产生影响，不具有盈余持续性，因而价值相关性相比较差。这也从侧面说明，资产的公允价值计量能够提供与决策相关的信息，可以提高会计信息的相关性（黄晓榕，2006）。

5.3.4　稳健性检验

为了增强上述研究结论的稳健性，笔者进行了稳健性检验，将年份作为控制变量，对 2007 ~ 2009 年间的所有样本做了全样本的回归分析。

表 5 - 5 是稳健性检验的描述性统计结果。

表 5 - 5　价值相关性研究稳健性检验的描述性统计结果

	样本数	均值	标准差	最小值	最大值
P	1236	12.81	10.49	1.98	89.00
PLPF	1236	0.06	0.21	-1.32	3.95
POE	1236	0.30	0.62	-2.69	5.90

续表

	样本数	均值	标准差	最小值	最大值
PCSI	1236	0.10	1.07	-10.94	20.13
NPCSI	1236	3.77	2.62	-23.97	21.42
PLFFV	1236	0.00	0.07	-1.32	0.57
SIP	1236	0.06	0.20	-0.27	3.91

从表5-5可以看出，P（股价）的均值为12.81，低于2009年的平均股价水平。

PLPF（上市公司因股票投资产生的每股利润）的均值与2009年的均值相等，标准差小于2007年样本的标准差，但大于2008年和2009年的标准差。

POE（每股主营业务利润）的均值与2009年的均值相等，是PLPF（上市公司因股票投资产生的每股利润）均值的5倍。

PCSI（上市公司股票投资价值变动产生的每股其他综合收益）的均值介于2008年均值和2009年均值之间。该指标的均值0.1大于PLPF（上市公司因股票投资产生的每股利润）的均值0.06，说明上市公司更倾向于将股票投资计入可供出售金融资产。

NPCSI（上市公司扣除股票投资价值变动后的每股净资产）。前面表5-2的结果已经显示，上市公司扣除股票投资价值变动后的每股净资产在2007~2009年间比较平稳，所以全样本的均值也与这三年中各年的均值比较接近。从全样本的情况看，NPCSI（扣除股票投资价值变动后的每股净资产）的均值3.77远远大于PCSI（上市公司股票投资价值变动产生的每股其他综合收益）的均值0.1，所以从较长时期来看，股票投资对净资产的影响力还是比较小。

PLFFV（每股公允价值变动损益）的均值为0，主要是2008年该指标均值为-0.02，抵消了2007年和2009年股票投资的公允价值变动损益。该指标的均值小于PCSI（上市公司股票投资价值变动产生的每股其他综合收益）的均值 0.1，同样能够说明在面临股票投资是计入交易性金融资产和可供出售金融资产的选择时，上市公司可能更倾向于计入可供出售金融资产。

SIP（股票投资产生的每股投资收益）的均值为 0.06，介于 2008 年均值和 2009 年均值水平之间，但远远小于 2007 年的均值水平。该指标与 PLPF（上市公司因股票投资产生的每股利润）的均值之比为 1，说明在股票投资利润中，已实现损益占绝对比重。

表 5－6 是模型 5－1 的全样本 OLS 回归结果。

表 5－6　　　　模型 5－1 全样本 OLS 回归结果表

	P	
	估计系数	t 值
截距项	0.291***	1.36
PLPF	－0.052***	－0.79
POE	0.534***	11.26
PCSI	0.002***	2.06
调整 R^2	0.378	
F 值	251.100***	
样本量	1236	

注：***、**、* 分别表示在 1%、5% 和 10% 水平上显著。

从表 5－6 的回归结果看，采用全样本，回归模型 5－1 的可决系数 R^2 较高，并且 F 检验在 1% 的水平下显著，说明模型 5－1 的整体线性显著。

（1）从回归系数的符号来看，解释变量 PLPF（每股股票投资利润）的系数为负，但绝对值较小；POE（每股主营业务利润）、PCSI（投资价值变动产生的每股净资产）的系数为正，符合理论预期。

（2）从回归系数的显著性来看，全样本下，各解释变量的系数都在 1% 的水平下显著。表明每股股票投资利润、每股主营业务利润和股票投资价值变动产生的每股净资产都是影响股价的重要因素。

（3）从回归系数的绝对值大小关系来看，POE（每股主营业务利润）的回归系数大于PLPF（股票投资产生的每股利润）、PCSI（股票投资价值变动产生的每股净资产）的回归系数，与预期相符，与分年度的检测结果也一致。

所以，全样本与分年度样本对模型5－1的检测结果完全相符，也证实假设1成立。

笔者接下来对模型5－2做了全样本的线性回归检测，OLS回归结果如表5－7所示。

表5－7　　模型5－2全样本OLS回归结果

	P	
	估计系数	t值
截距项	7.255***	17.51
PCSI	1.887***	8.5
POE	7.651***	16.92
NPCSI	0.699***	6.46
PLFFV	18.731***	5.77
SIP	7.512***	6.11
调整 R^2	0.401	
F值	166.420***	
样本量	1236	

注：***、**、*分别表示在1%、5%和10%水平上显著。

模型5－2的全样本OLS回归，得到的可决系数 R^2 较高，并且F检验在1%的水平下显著，说明模型5－2的整体线性显著。此时的 R^2 比模型5－1的全样本OLS回归所得 R^2 大，说明将股票投资产生的价值变动项目进行分解后，各分解项目对股价的解释力度增强了。

（1）从回归系数的符号来看，各解释变量的回归系数均为正数，符合理论预期。

（2）从回归系数的显著性来看。由 t 检验的 P 值可知，各解释变量均在 1% 的水平下显著。

（3）从回归系数的大小关系来看，变量 PLFFV（每股公允价值变动损益）的系数大于变量 PCSI（股票投资价值变动产生的每股净资产）的系数，即 $b_3 > b_1$，该结果支持假设 2a 成立，与分年度样本的实证结果一致。变量 SIP（股票投资每股投资收益）的系数小于变量 PLFFV（每股公允价值变动损益）的系数，即 $b_4 < b_3$，该结果不支持假设 3，并且与之相反，与分年度样本的实证结果也保持一致。

以上对模型 5 - 1、模型 5 - 2 的稳健性检验结果与分年度样本的实证结果基本完全一致，验证了分年度检验结论的可靠性。

5.4 本章小结

本章选取 2007 ~ 2009 年每年年末有股票投资的沪深主板非金融保险行业上市公司作为研究样本，采用奥尔森（1995）价格模型，从综合收益的角度，研究了上市公司的股票投资行为产生的价值变动与持股公司股价的价值相关性。为了更细致地进行价值相关性研究，基于新会计准则的规定，本章从三个层次对这部分综合收益进行了分解和比较研究，分别检验了这些会计信息的信息含量：层次一，计入利润的综合收益项目与计入其他综合收益的项目的价值相关性比较；层次二，同属于未实现损益的价值变动，但分别计入资本公积的持有期间价值变动与计入公允价值变动损益的持有期间价值变动的价值相关性比较；层次三，同属于会计盈余，已实现股票投资损益（投资收益）与未实现投资损益（公允价值变动损益）的价值相关性比较。

通过对分年度样本的 OSL 回归分析和全样本的稳健性检测，本章的实证结果表明：

(1) 无论计入会计盈余还是净资产，无论是已实现损益还是未实现损益，在研究期间，综合收益的各个组成项目都具有价值相关性。类似于会计盈余指标，综合收益总括指标对股票价值的解释力度小于其各个组成项目的解释力度，在将股票投资产生的利润和净资产都进一步拆分后，可决系数 R^2 显著提高，对持股公司股价波动的解释力度得到了加强。

(2) 虽然对股票价格具有一定的解释效力，但每股主营业务利润对股价的影响要大于每股股票投资利润对股价的影响，而后者又大于每股计入资本公积的股票投资价值变动的影响。也就是说，对上市公司股票价格起决定作用的还是公司自身的主营业务经营情况，而股票投资只能对其起辅助作用。

(3) 同属于未实现损益的价值变动，计入会计盈余的未实现损益比计入净资产的未实现损益对股票价格的解释力度大。这说明，收入费用观在目前的资本市场上仍然占据主导地位，投资者对会计盈余指标的重视程度大于净资产指标。即便是 2009 年财政部加强了综合收益信息披露要求，这种状况仍未改变。

(4) 在会计盈余中，已实现股票投资损益（投资收益）对股价的解释力度小于未实现投资损益（公允价值变动损益）的解释力度。这说明，公允价值计量的信息具有更强的价值相关性。

(5) 2008 年股票投资产生的利润和股票投资产生的净资产其变量的回归系数符号都不符合预期，2007 年和 2009 年的实证结果则与当年的股票市场行情基本吻合。这说明，公允价值计量信息的价值相关性容易受到资本市场环境的影响。

第 6 章

我国上市公司股票投资的盈余管理研究

本章的研究目的是分析在新企业会计准则下，股票投资行为与上市公司盈余管理的关系。按新准则的规定，股票投资的价格变动同步反映在资产价值的变动上，但是价格变动产生的利得（损失）在上市公司财务报表中分别反映为当期利润和其他综合收益。在我国投资者、管理层、监管层都相当重视企业会计盈余指标的环境中，无疑为上市公司进行盈余管理提供了空间。本章研究主要分三个层次：第一，上市公司利用计入利润的股票投资损益进行盈余管理的动机；第二，在股票投资行为中，上市公司进行盈余管理的主要手段；第三，计入其他综合收益的股票投资损益与盈余管理动机的关系。

6.1 盈余管理动机的理论分析

6.1.1 契约理论与盈余管理

从前文研究者们对盈余管理的界定可以看出，盈余管理是典型的“零和博弈”，在企业各利益相关者群体中，其中一个群体从盈余管理中获取的利益是以另一个群体的损失为代价。盈余管理的实质背离了中立性原则，而这一原则正是现代财务报告的核心思想之一。

契约理论认为企业是一系列契约的联结，是各契约方之间博弈的结果，各契约方的目标函数都是在约束条件下的个人效用最大化，因此努力降低契约成本使之最小化是企业长期稳定发展的生命之源。

基于契约观点的盈余管理建立在契约关系人利益最大化和契约不完全性的假设基础上。在委托代理关系下，存在一套管理契约和报告规则，如报酬契约、债务契约以及与政府所订的契约即税收制度等，这些契约一般都是刚性的。由于这些管理契约和报告规则通常是固定的、僵化的，而现实是外界经济状况和企业情况是不断变化的，所以必然与现实需要产生矛盾或摩擦，盈余管理便应运而生。

会计的假设之一是企业是多期间持续经营的，但在现实世界中，管理人员的任期和企业的契约都是有限的，管理层在进行会计处理时就有可能考虑会计选择对现有契约的影响，而忽略对未来可能将签订契约的影响，所以更多地关注自身的当前利益，将其他利益相关者的财富转移到自己手中，而不会过多地考虑企业的长远价值。

负债经营具有财务杠杆利益，同时也伴随着较大的财务风险。债权人会在契约中规定此限制性条款，一旦违反了这些规定，企业将面临着贷款被收回的危险，所以当企业经营业绩不佳时，往往会通过盈余管理来降低违约风险。

6.1.2 信息不对称理论与盈余管理

信息不对称理论认为，由于“沟通阻滞”的存在，人们无法消除盈余管理（Trueman & Titman，1988；Fan & Wong，2002）。企业外部的缔约方一般是分散的，并不直接参与经营管理，或者受制于成本效率原则及法律、技术等因素的约束，无法亲自获取企业实际生产经营活动的信息，而只能借助某种经济可行的方式来了解企业的财务状况、经营成果及现金流量信息，并据以进行经济决策。会计数据在大量契约的订立、执行和监督中得到广泛运用，并成为代理人与委托人之间传递信息的工具。

企业管理层相对于其他信息使用者而言，拥有更充分、更及时的信息，甚至是外人不知晓的关于公司经营状况、现金流和发展前景的私人信息或内部信息，而由于储存、获取和处理这些信息的成本非常高，以致其他利益相关者所掌控的企业信息则相对较少和片面（Teoh et al.，1998）。这种信息不对称阻碍了信息的交流和沟通，从而造成了“沟通阻滞”，即管理层不能向其他利益相关者传递全部私人信息，或者管理层向信息需求者传递了不正确的信息。代理人具有信息优势，加上披露成本、会计规则、其他制度和契约约束造成沟通渠道的障碍，从而产生盈余管理。一方面，管理层会尽力掩盖那些对自己不利的信息，牺牲其他相关者的利益来谋取自己的私利，使企业的价值下降；另一方面，管理层主动向投资者传递有价值的私人信息或内部信息，实现管理层与其他利益相关者共赢的结果（Rangan，1998）。

在信息不对称客观存在的条件下，会计信息的传递虽然可以降低委托代理双方的信息不对称程度，但却不可完全消除，当作为代理人的企业管理当局生成和提供的会计信息被用作评判自身是否履行契约的标准时，在代理人与委托人之间的目标函数不一致的情况下，代理人将利用自身的信息优势“修正”这一标准，侵害委托人利益的盈余管理动机就会产生（Schipper，1998）。

在信息不对称的情况下，企业管理当局为了使盈余不会出现过大的波动，从而消除投资者对公司业绩的疑虑，往往会进行盈余管理，平滑盈余波动的幅度，给人以盈余稳定或稳中有升的感觉，使投资者对公司保持信心。同样，管理当局还可以利用会计政策选择等手段，实现公司业绩的由亏转盈。

6.1.3 股票投资的盈余管理空间分析

从综合收益的概念角度，新准则实施后，上市公司股票投资行为产生的损益包括两部分（具体构成参见表1-1）：计入利润的股票投资损益和计入其他综合收益的股票投资损益。

计入利润的股票投资损益（PLSI，Profit and Loss on Stock Investment）是股票投资的出售（处置）损益（RPL，Realized Profit and Loss）和计入交易性金融资产的股票投资的公允价值变动损益（FVF，Profit and Loss on Fair-value Fluctuation）之和。其中，股票投资的出售（处置）损益包括可供出售金融资产处置损益和交易性金融资产处置损益，是已实现损益；持有的交易性金融资产其价值变动则是未实现损益。

计入其他综合收益的股票投资损益（OCI，Other Comprehensive Income），是计入可供出售金融资产的股票投资在持有期间的公允价值变动，体现在“资本公积——其他资本公积”中，也是未实现损益。

按照会计准则的规定，上市公司股票投资损益分别作为当期盈余和资本公积处理，计入不同的会计要素，从而披露在财务报告的不同地方。特别是，可供出售金融资产的持有损益计入资本公积，而在其处置时，这部分持有损益将从资本公积转入当期盈余；此外会计准则还规定，管理层可以根据持有意图来确定将股票投资是计入交易性金融资产，从而直接影响当期盈余，还是计入可供出售金融资产，作为利润的调节器。这都给持股的上市公司留下了一定的调节盈余空间。

在我国，会计盈余是企业与资本市场重要的联系纽带，也是反映企业在资本市场上表现的重要“标杆”，新股发行上市、新股定价、获得配股增发等再融资资格、特别处理、退市等各个方面，都能看到会计盈余在其中“活跃”的影子，也由此造成了有关利益方对盈余指标的格外重视。如发行上市，1999 年的《公司法》规定必须“在最近三年内连续盈利、可向股东支付股利”、“公司预期利润率可达同期银行利率”，1998 年《关于股票发行工作若干问题的补充通知》要求申请公开发行股票的企业，其主营业务利润占利润总额比例的最低限是 70%。新股定价方面，在 1999 年之前新股发行价格为每股盈利与市盈率的乘积，每股盈利的计算方法和口径在其后经历不断变化的过程①，但在本质上仍是会计利润决定股票发行价格；1999 年 2 月，证监会颁布了《股票发行定价分析报告指引（试行）》，规定发行价格由发行公司和主承销商协商确定，盈余指标在新股定价上的重要性从此以后才有所下降。再融资资格方面，1999 年，证监会首次提出“非经常性损益”这一概念，要求上市公司在年度报告中披露扣除非经常性损益后的利润指标，而且将该指标作为公司首次上市公开发行股票（IPO）或者配股、增发等再融资的条件。上市公司配股和增发股票的一个必要条件曾经是连续三年的净资产收益率不低于 10%，2001 年后改为最近三个会计年度加权平均净资产收益率平均不低于 6%。退市方面则规定，上市公司在最近三年连续亏损，上市资格就被中止。因而，会计盈余不仅反映着公司现在及未来盈利能力，还起到维护上市公司“壳”价值的作用。

正是由于会计盈余指标关系到上市公司在资本市场的“生死存亡”和市场表现，公司盈余管理的行为才有了存在、发展的环境。哪里存在会计政策选择，并由此会产生会计盈余的差异，哪里就会有盈余管理存在的空间。新会计准则对股票投资的规定也不例外。

---

① 每股盈利的计算先后采用的是每股税后利润、前三年每股税后利润的算术平均数、发行前一年每股税后利润与发行当年摊薄后预测每股税后利润的加权平均数、发行当年加权平均的预测每股税后利润。

6.2 盈余管理动机研究的实证研究设计

6.2.1 盈余管理动机研究的研究假设

从前人的研究结果看，上市公司确实有利用金融资产或证券投资进行盈余管理的行为和动机。本章将主要研究股票投资行为盈余管理的三个动机：债务契约动机、扭亏动机和利润平滑动机。

盈余指标的重要性体现在它们是许多契约中的参照值，现实中经理层聘用合同、激励报酬契约和债务契约等诸多契约都以会计数据作为基础或使用了一定的会计数据作为衡量标尺。建立在参照值基础上的盈余预期就会影响盈余管理。

瓦茨和齐默尔曼（Watts & Zimmerman，1986）认为违反或可能违反债务契约的公司，为了达到契约中利润或净资产指标的要求，将会通过会计选择的运用来增大收益。

德峰和杰姆巴尔沃（1994）对债务契约下的盈余管理行为进行研究发现，违反债务契约的企业在违约以前年份和违约年份都进行了显著的盈余管理，企图逃避或减轻债务契约的限制。

德肖等（1996）以存在盈余操纵行为的公司为样本，研究发现这些公司进行盈余管理的重要动机是对外融资和逃避债务契约的制约，并且以较低的成本来达到目标，这种行为的根源则在于公司治理结构不完善、内部人控制。

按照代理成本理论（Jensen & Meckling，1976），公司管理层是受股东的委托，代表股东利益，所以可能会牺牲债权人的利益。债权人为了保护自身利益，避免受损，会限制债务公司的债务比例；当企业资产负债率较高时，管理层会努力增大企业的利润，目的是逃避债务契约的限制。基于这个原理，在持有股票投资的上市公司中，资产负债率越高的公司，越有可能通过股票投资进行盈余管理从而提高利润。因此，提出假设 1。

假设 1：计入利润的股票投资损益占当期利润总额的比重与资产负债率正相关。

研究表明，正数、负数与零在人们的心理上存在着重大的差别。所以零利润是形成盈余预期的一个重要参照值，也就形成了以报告正利润为盈余预期的盈余管理（Degeorge，Patel & Zeckhauser，1999）。为了不亏损，报告每股 1 分或几分钱的利润都会成为盈余管理的一个目标。

巴哥泰勒和迪切夫（1997）研究发现，美国上市公司微利的情况比较集中，微亏的情况则比预期要少，大约有 2% ~8% 的公司为避免业绩下降进行了盈余管理，而约 30% ~40% 的公司通过盈余管理避免亏损。德乔治等（Degeorge et al.，1999）的研究也发现，上市公司盈余轻微下降和轻微亏损的发生率异常低，盈余的变化都集中在稍微盈利或者盈余轻微增长，证明管理者为了避免盈余亏损和盈余下降而进行了盈余管理。

分析来自全球瞭望（Compustat Global Vantage）2007 ~2008 年全球 16514 家公司的息税前利润（EBIT）及净收入，发现当 EBIT 接近正负临界点时，公司不会采取措施阻止 EBIT 成为负值，但是当净收入接近正负临界点时，许多公司会调整会计方法使账面的小额亏损变为小额盈余，或者采取措施使预计亏损变为实际盈余。考察 EBIT 在正负临界点左右的公司的分布情况，EBIT 为正的公司数是 EBIT 为负的公司数的 1.5 倍，而经过会计调整后净收入为小额盈余的公司数是小额亏损公司数的 3.5 倍，也就是说通过盈余管理许多面临亏损的公司都变成盈利了（杨顺华、赵喜仓，2006）。

陆建桥（1999）研究发现亏损上市公司为了避免亏损而操控利润，上市公司在亏损年度之前为了推迟亏损的出现会调增利润，在亏损年度之后为了实现扭亏为盈也会调增利润，而在亏损当年会调减利润，目的是为以后的扭亏做好准备。这说明公司为了逃避证监会有关退市规定而进行了盈余管理。陈晓等（2004）考察我国资本市场上发行 A 股的上市公司中亏损公司的扭亏行为，发现亏损公司会利用关联交易和重组活动实现扭亏为盈的目的。王亚平等（2005）研究发现我国上市公司在 1995 ~ 2003 年之间都存在着为避免在财务报告上出现亏损而进行的盈余管理行为。赵春光（2006）研究发现亏损上市公司为了避免当年亏损会利用资产减值的转回，或者为了争取下一年度扭亏为盈则会利用资产减值加大当年亏损。

按照我国证监会规定，连续两年亏损的上市公司将被实施特别处理，ST 公司在第三年亏损将退出资本市场。所以，上年度亏损、本年度主营业务利润亏损以及 ST 公司可能会利用股票投资利润进行扭亏。因此，提出假设 2。

假设 2：计入利润的股票投资损益占当期利润总额的比重与公司扭亏动机变量正相关。

特鲁曼和缇塔曼（Trueman & Titman，1988）检验了企业管理层操纵报告盈余的动机，认为企业可以通过平滑收益，来提高潜在投资者对盈余质量的评价，在平滑收益之后，低盈余质量的企业会产生盈余质量高的假象，从而达到减少债务融资成本的目的。

巴哥泰勒和迪切夫（1997）和德乔治等（1999）则认为，企业在做盈余预期时会以本企业已有的业绩为基础，因为已有的业绩一般会被股东、其他的市场参与者等相关方看作是企业盈余的基本目标，报告盈余低于这个目标，市场会降低对企业的估值，对管理层业绩也可能出现负面评价。报告利润至少要达到上年盈余的水平，才能维持现有的业绩和企业形象，所以盈余管理就会成为管理层的选择。

魏涛等（2007）发现，亏损公司和盈利公司的盈余管理都相当普遍地利用非经常性损益，只是二者目的不同，亏损公司主要是为了扭亏和避免亏损，盈利公司则是为了保持较好的业绩平稳增长态势，即平滑利润。

此外，企业进行盈余管理的又一目的是达到政府监管中的明线检验（Bright-linetests）标准。西方国家市场化程度很高，为了符合政府监管（如税收监管、行业管制和金融证券监管等）的要求，盈余管理行为大量存在（Watts & Zimmerman，1990）。在我国，政府监管中同样存在明线检验标准，体现在上市公司的发行新股(配股)、暂停上市和终止上市等诸多方面。如我国证监会曾规定上市公司配股和增发股票的一个必要条件，是连续三年的净资产收益率不低于 10%，2001 年以后改为最近三个会计年度加权平均净资产收益率平均不低于 6%。

蒋义宏（1998）指出，在中国上市公司的盈利中 10% 现象普遍存在，出现这种现象的原因是许多公司为了达到配股的要求，使其盈余刚好达到 10% 的标准。陈小悦等（1998）也发现上市公司通过盈余管理来达到配股要求的证据。陈和袁（Chen & Yuan，2004）认为当时 10% 的明线标准是我国上市公司 1996 ~ 1998 年间净资产收益率高度集中在 10% 之上的直接诱因。陈小悦等（2000）进一步用横截面数据发现配股资格的盈余要求显著影响着利润操纵额。

所以，作为利润的组成部分，上市公司的管理层可能会通过对股票投资利润的盈余管理来平滑利润。当上市公司主营业务利润的增长率高时，管理层会相应地减少股票投资利润，以使利润总额平稳增长；当主营业务利润的增长率低时，管理层会相应地加大股票投资利润，以使利润总额达到预期的增长目标。因此，提出假设 3。

假设 3： 计入利润的股票投资损益与主营业务利润的增长率呈负相关关系。

股票投资损益既包括已实现损益，也包括未实现损益。未实现损益是股票投资价格变动的真实反映，不具有可操控性。而已实现损益包含了交易性金融资产和可供出售金融资产两类金融资产的处置利得（损失），上市公司管理层可以操控这两类资产的处置时间，以达到控制当期盈余的目的。所以，笔者分析认为，已实现的股票投资损益是上市公司盈余管理的主要工具。因此提出假设4。

假设4：资产负债率、扭亏变量和主营业务利润增长率对已实现的股票投资损益占当期利润总额的比重有更大的影响。

而计入其他综合收益的股票投资利得（损失），虽然是企业以后利润的“调节器”或“蓄水池”，但是因为其并不直接影响企业的当期盈余，所以笔者认为，该部分利得（损失）与上市公司的债务契约、扭亏状况、利润平滑无显著的相关关系。因此，本章提出假设5进行检验。

假设5：计入其他综合收益的股票投资利得（损失）与上市公司的债务契约动机变量、扭亏动机变量、利润平滑变量无显著的相关关系。

因此，本章试图检验上市公司利用股票投资进行盈余管理的债务契约动机、扭亏动机和平滑利润动机；并试图研究在股票投资利润中，已实现损益和未实现损益在盈余管理中是否具有不同的作用；以及其他综合收益在盈余管理中的作用。

6.2.2 盈余管理动机研究的实证模型

为检验假设1、2、3，本书设计线性回归模型6-1：

$$PLSI_{i,t} = \alpha_0 + \alpha_1 LEV_{i,t} + \alpha_2 LOS_{i,t} + \alpha_3 GRO_{i,t} + \alpha_4 FIN_{i,t} + \alpha_5 SIZ_{i,t} + \xi \quad \text{（模型 6-1）}$$

在模型6-1中，PLSI（计入利润的股票投资损益占当期利润总额的比重）是被解释变量，预期各解释变量前的系数符号是 $\alpha_1>0$，$\alpha_2>0$，$\alpha_3<0$，$\alpha_4>0$，$\alpha_5<0$。

为检验假设4，本书设计线性回归模型6-2：

$$INS_{i,t} = \gamma_0 + \gamma_1 LEV_{i,t} + \gamma_2 LOS_{i,t} + \gamma_3 GRO_{i,t} + \gamma_4 FIN_{i,t} + \gamma_5 SIZ_{i,t} + \xi \quad \text{（模型 6-2）}$$

在模型6-2中，被解释变量是INS（股票投资产生的“投资收益”占当期利润总额的比重)，解释变量与模型 6 - 1 完全一致。预期各解释变量前的系数符号是 $\gamma_1 > \alpha_1 > 0$，$\gamma_2 > \alpha_2 > 0$，$\gamma_3 < \alpha_3 < 0$，$\gamma_4 > 0$，$\gamma_5 < 0$。

为检验假设 5，本书拟设计被解释变量“计入其他综合收益的股票投资利得（损失）占当期利润总额的比重（OCI)”，观察计入其他综合收益的股票投资利得（损失）与上市公司的债务契约动机、扭亏动机、利润平滑动机变量之间的相关关系。因此设计模型 6 - 3：

$$OCI_{i,t} = \beta_0 + \beta_1 LEV_{i,t} + \beta_2 LOS_{i,t} + \beta_3 GRO_{i,t} + \beta_4 FIN_{i,t} + \beta_5 SIZ_{i,t} + \xi \quad \text{（模型 6 - 3）}$$

根据假设，预期 β_1、β_2、β_3 无显著相关关系，$\beta_4 > 0$，$\beta_5 < 0$。

6.2.3　盈余管理动机研究的变量设计

模型 6 - 1 至模型 6 - 3 中的具体变量说明如下：

PLSI，是模型 6 - 1 的被解释变量，表示计入利润的股票投资损益占当期利润总额的比重。

INS，是模型 6 - 2 的被解释变量，表示股票投资产生的“投资收益”占当期利润总额的比重。笔者逐家分析 2007 ~ 2009 年样本公司年报的“投资收益”说明事项，取其来自于股票投资的金额，作为该变量的分子。

OCI，是模型 6 - 3 的被解释变量，表示计入其他综合收益的股票投资利得（损失）占当期利润总额的比重。笔者逐家分析 2007 ~ 2009 年样本公司年报的“资本公积——其他资本公积”说明事项，取其因股票投资而产生的金额，作为该变量的分子。

LEV，是模型 6 - 1、6 - 2、6 - 3 的解释变量，代表样本公司年末的资产负债率，是公司债务契约动机的表征变量。

LOS，是模型 6 - 1、6 - 2、6 - 3 的解释变量，代表公司是否亏损，如果是 ST 公司（ST 公司已包含在上年亏损的公司当中)、上年亏损或当年主营业务亏损，则取值1，反之为0。

GRO，是模型6－1、6－2、6－3的解释变量，代表样本公司的主营业务利润增长率，是公司利润平滑动机的表征变量。与第5章相同，本章中，将主营业务利润界定为：主营业务利润＝营业收入－营业成本－营业税金及附加－销售费用－管理费用－财务费用。

FIN，是模型6－1、6－2、6－3的控制变量，代表样本公司股票投资占总资产的比重，以年初股票投资账面价值/年初总资产来表示。

SIZ，是模型6－1、6－2、6－3的控制变量，代表样本公司的公司规模，以年末公司总资产的自然对数来表示。

模型中的具体变量定义如表6－1所示。

表6－1　　股票投资盈余管理动机研究变量界定及含义

变量	变量含义
计入利润的股票投资损益占当期利润总额的比重（PLSI）	被解释变量，2007～2009年每年计入利润的股票投资损益/当年利润总额；检验假设1、2、3
股票“投资收益”占当期利润总额的比重（INS）	被解释变量，2007～2009年每年由股票投资产生的“投资收益”/当年利润总额；检验假设4
计入其他综合收益的股票投资利得（损失）占当期利润总额的比重（OCI）	被解释变量，2007～2009年每年的计入其他综合收益的股票投资利得（损失）/当年利润总额；检验假设5
资产负债率（LEV）	解释变量，公司年末的资产负债率；检验假设1、4；检验假设5
亏损变量（LOS）	解释变量，上年亏损、当年主营业务亏损或ST公司则取值1，反之为0；检验假设2、4；检验假设5
主营业务利润增长率（GRO）	解释变量，（当年主营业务利润－上年主营业务利润）/上年主营业务利润；检验假设3、4；检验假设5
股票投资占总资产的比重（FIN）	控制变量，年初股票投资账面价值/年初总资产
公司规模（SIZ）	控制变量，年末公司总资产的自然对数

6.2.4　盈余管理动机研究的样本选择

本章研究选择的样本是，2007～2009年各年末有交叉持股的沪深主板上市公司，在剔除金融保险行业公司、所持股份全部是长期股权投资的公司之后，得到初步的样本公司2007年有408家，2008年有425家，2009年有420家。在对搜集到的数据进行处理时发现，有若干样本公司的本期利润总额为负，由此导致三个被解释变量PLSI（计入利润的股票投资损益占当期利润总额的比重）、INS（股票投资产生的“投资收益”占当期利润总额的比重）、OCI（计入其他综合收益的股票投资利得或损失占当期利润总额的比重）的分母为负，在此情形下计算比率指标无实际意义，从而笔者剔除了这些样本。类似地，在计算解释变量GRO（主营业务利润增长率）时，也有若干公司的上年主营业务利润为负，从而计算主营业务利润增长率无实际意义，笔者也剔除了这些样本。这样，剔除当年利润总额或上年主营业务利润为负的样本公司，2007年剔除131家，2008年剔除113家，2009年剔除131家。最后，笔者还剔除了指标值异常[①]的个别样本，分别是2008年7家，2009年剔除5家。经过这些整理后，最后得到的有效样本是2007年277家，2008年305家，2009年284家。因此，本章研究使用的有效样本公司是本年利润总额大于零而且上年主营业务利润也大于零的公司。

之所以选择2007～2009年为研究期间，是因为在这三年中我国上市公司面临的制度环境和资本市场环境各有不同，分别具有代表性。其一，2007年是新企业会计准则实施的第一年，金融资产

① 2007年无指标值异常的样本公司；2008年删除的公司代码是000524、000543、600380、600408、600510、600754、600802；2009年删除的公司代码是000923、000928、000932、600884、600896。

使用公允价值进行确认、计量，综合收益的概念初步体现在财务报告体系；当年股市行情火爆，许多上市公司参与了股票投资活动，而且收获颇丰，上市公司的盈余管理具备良好的市场环境和制度环境。其二，2008 年全球遭受金融危机的重创，我国的资本市场也未能幸免其难，股票市场由牛市跌入熊市，在这样的环境中，上市公司的股票投资行为及其盈余管理行为将出现新的特征。其三，2009 年财政部增加列报“其他综合收益”和“综合收益总额”项目，增加其他综合收益各项目的披露；同年明确提出“其他综合收益”的概念，对其他综合收益在财务报表附注中披露的内容和格式做出统一规定，其中包括“可供出售金融资产产生的利得（损失）金额”的变动情况；同年股票市场行情趋于平稳，比 2008 年有所好转。在制度规定趋于明晰，股票市场趋于稳定的环境下，上市公司的股票投资及其盈余管理行为可能更具有一般代表性。

6.2.5 盈余管理动机研究的数据来源

笔者从万得（WIND）数据库中获得每年末交叉持股的 A 股上市公司名单，该数据库还提供了每家上市公司持股股票的名称、投资金额、投资类型、期末账面价值、期末参考市值等数据，笔者通过逐家查看其持股明细，剔除了所持股份全部是长期股权投资的公司。而后逐家查看这些交叉持股上市公司的年报并进行分析，手工整理出股票投资产生的资本公积变动数、股票投资产生的投资收益数额。研究所需的营业收入、营业成本、公允价值变动损益和其他财务数据则从国泰安金融研究数据库（CSMAR）中获得。

6.3

盈余管理动机研究的实证结果分析

6.3.1 盈余管理动机研究的描述性统计分析

在做回归分析之前，本书先通过Excel和计量经济学软件5.0（Eviews 5.0），对本章各变量进行了描述性统计，如表6－2所示。

表6－2　股票投资盈余管理动机研究变量的描述性统计

年份	统计量	PLSI	INS	OCI	LEV	GRO	SIZ	FIN	样本数
2007	均值	0.20	0.18	0.73	0.50	1.05	22.05	0.02	277
	标准差	0.40	0.38	3.94	0.20	12.22	1.19	0.04	
	最大值	3.92	3.92	25.98	1.94	114.09	26.09	0.35	
	最小值	－0.28	－0.28	－39.72	0.03	－150.96	19.50	0.00	
2008	均值	0.04	0.11	－0.75	0.51	－1.88	22.17	0.06	305
	标准差	0.43	0.44	2.57	0.18	21.63	1.24	0.11	
	最大值	3.31	4.82	4.41	0.92	49.75	26.25	0.81	
	最小值	－2.18	－1.09	－18.8	0.02	－236.1	19.12	0.00	
2009	均值	0.13	0.10	0.28	0.51	0.72	22.36	0.02	284
	标准差	0.26	0.22	1.00	0.19	5.64	1.34	0.06	
	最大值	1.87	1.60	10.74	0.94	87.08	26.76	0.50	
	最小值	－0.14	－0.25	－0.43	0.07	－15.25	18.19	0.00	

从以上各变量的描述性统计可以看出：

PLSI，即计入利润的股票投资损益占当期利润总额的比重，在2007年最大值为3.92，最小值为－0.28，均值为0.2；而在2008年最大值为3.31，最小值为－2.18，均值为0.04；在2009年最大值为1.87，最小值为－0.14，均值为0.13。这说明，股票投资可以为上市公司带来丰厚的利润，弥补主营业务利润的不足，在行情最好的2007年，最大的股票投资利润竟然是利润总额的3.92倍；同样，股票投资也会给上市公司带来巨大的亏损，在市场低迷的2008年，有个别公司的股票投资利润是利润总额的-2.18倍。在2007~2009年三年间，这一指标的均值分别是0.2、0.04、0.13，反映出股票投资利润在利润总额中所占比重较低，而且这种利润具有随股票市场行情而变动的特征。

INS，即股票投资产生的“投资收益”占当期利润总额的比重，在2007年最大值为3.92，最小值为-0.28，均值为0.18；而在2008年最大值为4.82，最小值为-1.09，均值为0.11；在2009年最大值为1.60，最小值为-0.25，均值为0.10。通过与PLSI（计入利润的股票投资损益占当期利润总额的比重）变动趋势的比较可以看到，在市场低迷的2008年，其最大值为三年中最大，而且其均值并没有处于三年中的最低位，这说明面对股票市场的低迷，许多上市公司处置了所持的股票投资，通过这种已实现的投资损益，来弥补随市场行情剧烈波动的公允价值变动损益所带来的损失。

OCI，即计入其他综合收益的股票投资利得（损失）占当期利润总额的比重，在2007年最大值为25.98，最小值为-39.72，均值为0.73；而在2008年最大值为4.41，最小值为-18.8，均值为-0.75；在2009年最大值为10.74，最小值为-0.43，均值为0.28。OCI最大值、最小值和均值的变化趋势，与变量PLSI（计入利润的股票投资损益占当期利润总额的比重）的发展趋势一致，2007年为峰值，2008年跌入谷底。在这三年间，标准差分别是3.94、2.57、1，都远远大于变量PLSI（计入利润的股票投资损益占当期利润总额的比重）、INS（股票投资产生的“投资收益”占当期利润总额的比重）的对应值。这种情况形成的原因可能是，计入其他综合收益的股票投资利得（损失）一方面受可供出售金融资产公允价值变动的影响，另一方面还与当年处置可供出售金融资产的多少有关。

LEV，资产负债率，2007年均值为0.50，标准差为0.2；2008年均值为0.51，标准差为0.18；2009年均值为0.51，标准差为0.19。从均值和标准差的变化来看，该变量值在研究期间非常平稳。

LOS，亏损变量，如果是ST公司（ST公司已包含在上年亏损的公司当中）、上年亏损或当年主营业务亏损则取值1，反之为0。因为该变量是0/1型变量，所以没有进行描述性统计分析。

GRO，代表主营业务利润增长率，2007年最大值为114.09，最小值为-150.96，均值为1.05；而在2008年最大值仅为49.75，最小值为-236.1，均值为-1.88；在2009年最大值为87.08，最小值为-15.25，均值为0.72。该指标的计算与旧准则保持了一致的口径，所以去除了会计准则变化对该指标的影响。2007年主营业务利润增长率的均值最大；2008年的均值和最大值均最小，但标准差最大；2009年均值和最大值都有所回升。这说明，2008年的全球金融危机，对实体经济也造成了一定程度的危害。

SIZ，表示公司规模，2007~2009年的均值和标准差都比较平稳。均值分别是22.05、22.17、22.36；标准差分别是1.19、1.24、1.34。

FIN，年初股票投资占总资产的比重，2007~2009年的均值分别是0.02、0.06、0.02，说明股票投资价值在上市公司总资产中只占较小的比重。

6.3.2 模型6-1的回归结果分析

笔者运用以上数据进行了线性回归分析，检验前文的研究假设。数据处理和回归分析主要采用Excel和计量经济学软件5.0（Eviews 5.0）。对于模型6-1至模型6-3中，回归分析中发现有异方差性的已用加权最小二乘法进行估计，报告的是加权最小二乘回归的结果，经检验，各模型并不存在横截面的序列相关性。

模型6－1的线性回归分析结果如表6－3所示。

模型6－1主要是检验被解释变量PLSI（计入利润的股票投资损益占当期利润总额的比重）与解释变量LEV（年末资产负债率）、LOS（上年亏损、当年主营业务亏损或是否ST等亏损迹象）、GRO（主营业务利润增长率）之间的相关关系，并增加了两个控制变量FIN（年初股票投资占总资产的比重）和SIZ（公司规模）。

从表6－3看到，模型6－1的可决系数R^2较高。从F检验来看，均在1%的水平下显著，说明模型的整体线性显著，即模型中的解释变量是影响被解释变量PLSI（计入利润的股票投资损益占当期利润总额的比重）的重要因素。但从常数项都显著来看，其他未包括的因素对被解释变量的影响也是不可忽视的。

表6－3　　模型6－1回归分析结果

年份	变量	系数	标准差	t值	P值	R^2	F
2007	LEV	－0.231	0.008	－28.128***	0.000	0.314	25.040***
	LOS	0.943	0.036	26.466***	0.000		
	GRO	0.007	0.001	9.192***	0.000		
	FIN	2.554	0.102	25.062***	0.000		
	SIZ	－0.019	0.001	－16.300***	0.000		
	C	0.635	0.025	25.673***	0.000		
2008	LEV	0.179	0.006	30.750***	0.000	0.194	14.485***
	LOS	0.325	0.099	3.294***	0.001		
	GRO	0.002	0.001	2.454**	0.015		
	FIN	1.187	0.009	128.710***	0.000		
	SIZ	0.001	0.001	1.098	0.273		
	C	－0.172	0.018	－9.449***	0.000		

续表

年份	变量	系数	标准差	t 值	P 值	R^2	F
2009	LEV	0.004	0.005	0.826	0.410	0.368	32.406***
	LOS	0.366	0.058	6.284***	0.000		
	GRO	0.000	0.000	0.577	0.565		
	FIN	1.651	0.015	110.514***	0.000		
	SIZ	-0.013	0.000	-26.081***	0.000		
	C	0.336	0.011	31.501***	0.000		

注：*** 表示在 1% 的水平下显著，** 表示在 5% 的水平下显著。

（1）对假设 1 的分析。在 2007 年，变量 LEV（资产负债率）的回归系数 $\alpha_1 < 0$ 且在 1% 的水平下显著。在 2008 年，变量 LEV 的回归系数 $\alpha_1 > 0$ 且在 1% 的水平下显著。而对于 2009 年的样本，变量 LEV 的回归系数 $\alpha_1 > 0$，但是不显著。2008 年的回归系数大于 2009 年回归系数。以上结果表明假设 1 所预想的相关关系在实际中并不稳定，不具有一致性，2007 年不符合预期，2008 年和 2009 年与预期相符。总体来看，实证结果不完全支持假设 1 成立，也就是说，计入利润的股票投资损益占当期利润总额的比重与资产负债率没有稳定的相关关系。

（2）对假设 2 的分析。从 2007 年到 2009 年，变量 LOS（亏损变量）的回归系数始终满足 $\alpha_2 > 0$，且在 1% 的水平下显著，说明扭亏动机与 PLSI（计入利润的股票投资损益占当期利润总额的比重）的关系确实如假设 2 所预想的那样，即计入利润的股票投资损益占当期利润总额的比重与公司扭亏动机变量正相关，实证结果支持假设 2 成立。

（3）对假设 3 的分析。在 2007 年，变量 GRO（主营业务利润增长率）的回归系数 $\alpha_3 > 0$，且在 1% 的水平下显著；在 2008 年，变量 GRO 的系数 $\alpha_3 > 0$，且在 5% 的水平下显著；在 2009 年，变量 GRO 的系数 $\alpha_3 = 0$，不显著。而且这三年中，变量 GRO 的系数总体偏小，均小于 0.01。2007 年和 2008 年系数符号都与理论预期相反，2009 年则没有明显的相关关系。以上结果表明假设 3 所预想的相关关系在实际中并不存在，实证结果不支持假设 3。也就是说，计入利润的股票投资损益与主营业务利润的增长率之间没有稳定的相关关系，当出现相关关系时，也是正相关。即上市公司在利用股票投资进行盈余管理时，并没有平滑利润的动机。

如果分年度来看，在 2007 年，模型 6－1 的可决系数 R^2 为 0.314，F 检验拟合优度也较好。变量 LEV（资产负债率）的回归系数 $\alpha_1 < 0$，LOS（亏损变量）的回归系数 $\alpha_2 > 0$，GRO（主营业务利润增长率）的回归系数 $\alpha_3 > 0$，而且这三个解释变量的回归系数均在 1% 的水平下显著。实证结果表明，2007 年，计入利润的股票投资损益占当期利润总额的比重与公司年末资产负债率负相关，与主营业务利润增长率正相关，公司管理层并没有因为债务契约的压力而增加股票投资利润，但是上市公司进行股票投资确实有扭亏的动机，与平滑利润相反，公司有利用股票投资增加盈余的微弱动机。这个结果与已有的文献（如吴战篪、孙蔓莉等）不一致，这可能与研究样本的选择有关，已有文献都是研究持有金融资产或持有证券投资的上市公司；而本章的研究样本是仅仅持有股票投资的上市公司，而且这些公司在本年已实现盈利（利润总额为正），上年主营业务也盈利。

2008 年，模型 6－1 的可决系数 R^2 为 0.194，比 2007 年 R^2 有所降低；F 检验拟合优度也较好。变量 LEV（资产负债率）的回归系数 $\alpha_1 > 0$，LOS（亏损变量）的回归系数 $\alpha_2 > 0$，GRO（主营业务利润增长率）的回归系数 $\alpha_3 > 0$，而且这三个解释变量的回归系数均在 1% 的水平下显著。2008 年的实证结果与预期也不完全一致，在受金融危机影响的大环境下，上市公司存在利用股票投资利润进行盈余管理的动机，从而便于公司利用负债筹资，以及避免出现亏损；但是没有平滑年度之间利润的动机，而有增大利润的动机。

在 2009 年，模型 6-1 的可决系数 R^2 为 0.369，大于 2007 年 R^2；F 检验拟合优度也较好。变量 LEV（资产负债率）的回归系数 $\alpha_1>0$，LOS（亏损变量）的回归系数 $\alpha_2>0$，GRO（主营业务利润增长率）的回归系数 $\alpha_3=0$，只有 LOS（亏损变量）的回归系数在 1% 的水平下显著，其余两个变量不显著。2009 年的实证结果表明，上市公司为了避免亏损和便于债务筹资而利用股票投资利润进行盈余管理，但是股票投资行为与平滑年度之间的利润无相关关系。这可能与 2009 年实体经济已有所恢复，上市公司主营经营状况逐渐好转有关。

综合以上分析，无论市场环境如何，上市公司始终存在利用股票投资进行盈余管理，从而弥补主业亏损或避免利润总额为负的动机；但是这种行为与公司债务筹资的关系并不稳定；与平滑利润则无关系，相反，上市公司主营业务利润增长越大，利用股票投资利润来增大公司盈余的动机也越明显，虽然主营业务利润的增长与股票投资利润的相关性比较弱。出现这种结果，主要是受股票市场行情和上市公司的主业经营状况的影响。

6.3.3　模型 6-2 的回归结果分析

模型 6-2 主要是检验被解释变量 INS（股票投资产生的“投资收益”占当期利润总额的比重）与解释变量 LEV（年末资产负债率）、LOS（上年亏损、当年主营业务亏损或是否 ST 等亏损迹象）、GRO（主营业务利润增长率）之间的相关关系，并增加了两个控制变量 FIN（年初股票投资占总资产的比重）和 SIZ（公司规模）。模型 6-2 的回归分析结果如表 6-4 所示。

表 6-4　　　　模型 6-2 回归分析结果

年份	变量	系数	标准差	t 值	P 值	R^2	F
2007	LEV	-0.202	0.007	-29.937***	0.000	0.270	20.280***
	LOS	0.767	0.022	34.922***	0.000		
	GRO	0.004	0.001	4.584***	0.000		
	FIN	2.397	0.092	26.090***	0.000		
	SIZ	-0.018	0.001	-33.990***	0.000		
	C	0.589	0.011	54.602***	0.000		
2008	LEV	-0.018	0.001	-23.276***	0.000	0.263	21.438***
	LOS	0.493	0.107	4.587***	0.000		
	GRO	-0.001	0.000	-7.478***	0.000		
	FIN	1.133	0.017	64.846***	0.000		
	SIZ	-0.010	0.000	-26.072***	0.000		
	C	0.232	0.009	26.200***	0.000		
2009	LEV	-0.022	0.002	-10.458***	0.000	0.352	30.307***
	LOS	0.274	0.036	7.618***	0.000		
	GRO	-0.001	0.000	-1.307	0.192		
	FIN	1.665	0.012	136.071***	0.000		
	SIZ	-0.013	0.000	-35.970***	0.000		
	C	0.336	0.008	40.041***	0.000		

注：*** 表示在 1% 的水平下显著。

从表 6-4 看到，模型 6-2 的可决系数 R^2 也比较高。从 F 检验来看，均在 1% 的水平下显著，说明模型的整体线性显著，即模型中的解释变量是影响被解释变量 INS（股票投资产生的“投资收益”占当期利润总额的比重）的重要因素。但从常数项都显著来看，其他未包括的因素对被解释变量的影响也是不可忽视的。除 2008 年之外，模型 6-2 的可决系数 R^2 在 2007 年和 2009 年都小于模型 6-1，说明拟合优度较模型 6-1 的拟合优度差，被解释变量 INS（股票投资产生的“投资收益”占当期利润总额的比重）与这些解释变量之间的关系没有被解释变量 PLSI（计入利润的股票投资损益占当期利润总额的比重）那样显著。从变量的显著性检验来看，除了在 2009 年变量 GRO（主营业务利润增长率）不显著之外，其余各变量均在 1% 的水平下显著。

从各解释变量的回归系数符号来看，解释变量 LEV（资产负债率）的回归系数 γ_1 在 2007 ~ 2009 年间均表现为 $\gamma_1 < 0$，也就是说股票投资的投资收益（即已实现损益）占当期利润总额的比重与资产负债率负相关，与原预期完全相反。出现这种结果，可能与本书选择的研究样本有关，本书研究的是在本年已实现盈利（利润总额为正）而且上年主营业务也盈利的公司，这类公司其业务经营可能更稳健，筹资策略也更为保守。解释变量 LOS（上年亏损、当年主营业务亏损或是否 ST 等亏损迹象）的回归系数 γ_2 均表现为 $\gamma_2 > 0$，表明股票投资的投资收益（即已实现损益）占当期利润总额的比重与公司扭亏动机变量正相关，与原预期相符。解释变量 GRO（主营业务利润增长率）的回归系数 γ_3 在 2007 年为 $\gamma_3 > 0$，与原预期相反；而在 2008 年和 2009 年均表现为 $\gamma_3 < 0$，符合原预期，这表明，股票投资的投资收益（即已实现损益）占当期利润总额的比重与主营业务利润的增长率呈负相关关系，但是不够稳定。

通过比较表 6 – 4 和表 6 – 3 的回归系数大小，发现在 2007 年，模型 6 – 2 中解释变量 LEV（资产负债率）的回归系数 $\gamma_1 < 0$，且大于模型 6 – 1 中变量 LEV 的系数 α_1，即 $\alpha_1 < \gamma_1 < 0$，与原预期不符；在 2008 年和 2009 年，变量 LEV 的回归系数的大小关系恰好相反，即 $\gamma_1 < 0 < \alpha_1$。

对于变量 LOS（上年亏损、当年主营业务亏损或是否 ST 等亏损迹象）的回归系数关系而言，在 2007 年和 2009 年，模型 6 – 2 中变量 LOS 前的系数均小于模型 6 – 1 中 LOS 的系数，即 $\alpha_2 > \gamma_2 > 0$；只有在 2008 年，模型 6 – 2 的变量 LOS 的系数大于模型 6 – 1 中 LOS 的系数，符合预期 $\gamma_2 > \alpha_2 > 0$。

从变量 GRO（主营业务利润增长率）的回归系数来看，2007 ~

2009 年，模型 6 - 2 中变量 GRO 的系数都小于模型 6 - 1 中变量 GRO 的系数，即 2007 年为 $\alpha_3 > \gamma_3 > 0$，2008 年为 $\alpha_3 > 0 > \gamma_3$，2009 年为 $\alpha_3 > \gamma_3$。也就是说，在平滑利润方面，计入利润的股票投资损益总额比单纯的“投资收益”项目发挥着更大的作用。

因此，实证结果不支持假设 4。

如果分年度来看，在 2007 年，模型 6 - 2 的可决系数 R^2 为 0.27，拟合优度较好；整体线性在 1% 的水平下通过显著性检验。三个解释变量的回归系数均在 1% 的水平下显著。变量 LEV（资产负债率）的回归系数 γ_1 与模型 6 - 1 中变量 LEV 的系数 α_1 之间的关系为 $\alpha_1 < \gamma_1 < 0$，LOS（亏损变量）的回归系数 γ_2 与模型 6 - 1 中变量 LOS 的系数 α_2 之间的关系为 $\alpha_2 > \gamma_2 > 0$，GRO（主营业务利润增长率）的回归系数 γ_3 与模型 6 - 1 中变量 GRO 的系数 α_3 之间的关系为 $\alpha_3 > \gamma_3 > 0$。实证结果表明，2007 年，股票投资收益占当期利润总额的比重与年末资产负债率负相关，与预期相反，但是和模型 6 - 1 的实证结果相一致；与亏损变量和主营业务利润增长率正相关，也和模型 6 - 1 的实证结果相一致。从回归系数的绝对值关系上看，计入利润的股票投资损益和其中已实现的股票投资损益相比，资产负债率、扭亏变量和主营业务利润增长率对计入利润的股票投资损益有更大的影响。这与假设 4 是相反的。

2008 年，模型 6 - 2 的可决系数 R^2 为 0.263，拟合优度较好；整体线性在 1% 的水平下通过显著性检验。三个解释变量的回归系数均在 1% 的水平下显著。变量 LEV（资产负债率）的回归系数 γ_1 与模型 6 - 1 中变量 LEV 的系数 α_1 之间的关系为 $\gamma_1 < 0 < \alpha_1$，LOS（亏损变量）的回归系数 γ_2 与模型 6 - 1 中变量 LOS 的系数 α_2 之间的关系为 $\gamma_2 > \alpha_2 > 0$，GRO（主营业务利润增长率）的回归系数 γ_3 与模型 6 - 1 中变量 GRO 的系数 α_3 之间的关系为 $\alpha_3 > 0 > \gamma_3$。实证结果表明，2008 年，股票投资收益占当期利润总额的比重与年末资产负债率负相关，与预期相反，而且和模型 6 - 1 的实证结果也相反；与亏损变量正相关，也和模型 6 - 1 的实证结果相一致；与主营业务利润增长率负相关，与预期相反，而且和模型6-1的实证结果也相反。从回归系数的绝对值关系上看，计入利润的股票投资损益和其中已实现的股票投资损益相比，资产负债率、主营业务利润增长率对计入利润的股票投资损益有更大的影响，而扭亏变量对已实现的股票投资损益有更大的影响，与假设4部分相符。

2009年，模型6-2的可决系数 R^2 为0.352，拟合优度为三年中最好；整体线性在1%的水平下通过显著性检验。除解释变量GRO（主营业务利润增长率）不显著之外，其他两个解释变量的回归系数均在1%的水平下显著。变量LEV（资产负债率）的回归系数 γ_1 与模型6-1中变量LEV的系数 α_1 之间的关系为 $\gamma_1 < 0 < \alpha_1$，LOS（亏损变量）的回归系数 γ_2 与模型6-1中变量LOS的系数 α_2 之间的关系为 $\alpha_2 > \gamma_2 > 0$，GRO（主营业务利润增长率）的回归系数 γ_3 与模型6-1中变量GRO的系数 α_3 之间的关系为 $0 = \alpha_3 > \gamma_3$。实证结果表明，2009年，股票投资收益占当期利润总额的比重与年末资产负债率负相关，与预期相反，而且和模型6-1的实证结果也相反；与亏损变量正相关，也和模型6-1的实证结果相一致；与主营业务利润增长率负相关，与预期相反，而模型6-1的实证结果为不显著。从回归系数的绝对值关系上看，计入利润的股票投资损益和其中已实现的股票投资损益相比，资产负债率、主营业务利润增长率对已实现的股票投资损益有更大的影响，而扭亏变量对计入利润的股票投资损益有更大的影响，与假设4部分相符，但是与2008年的结果刚好相反。

6.3.4 模型6-3的回归结果分析

模型6-3主要是检验被解释变量OCI（计入其他综合收益的股票投资损益占当期利润总额的比重）与解释变量LEV（年末资产负债率）、LOS（上年亏损、当年主营业务亏损或是否ST等亏损迹象）、GRO（主营业务利润增长率）之间的相关关系，并增加了两个控制变量 FIN（年初股票投资占总资产的比重）和 SIZ（公司规模）。模型 6－3 的回归分析结果如表 6－5 所示。

表 6－5　　　　模型 6－3 回归分析结果

年份	变量	系数	标准差	t 值	P 值	R^2	F
2007	LEV	0. 529	0. 033	16. 174 ***	0. 000	0. 077	4. 503 ***
	LOS	－1. 109	0. 204	－5. 428 ***	0. 000		
	GRO	0. 005	0. 002	2. 849 ***	0. 005		
	FIN	23. 077	1. 641	14. 062 ***	0. 000		
	SIZ	0. 031	0. 011	2. 782 ***	0. 006		
	C	－0. 700	0. 222	－3. 147 ***	0. 002		
2008	LEV	－1. 230	0. 041	－30. 351 ***	0. 000	0. 317	27. 806 ***
	LOS	－0. 249	0. 045	－5. 549 ***	0. 000		
	GRO	0. 006	0. 002	3. 784 ***	0. 000		
	FIN	－13. 437	0. 090	－150. 000 ***	0. 000		
	SIZ	0. 054	0. 003	19. 227 ***	0. 000		
	C	－0. 545	0. 048	－11. 248 ***	0. 000		
2009	LEV	0. 282	0. 005	58. 749 ***	0. 000	0. 239	17. 496 ***
	LOS	0. 215	0. 023	9. 244 ***	0. 000		
	GRO	－0. 003	0. 000	－9. 279 ***	0. 000		
	FIN	8. 724	0. 053	163. 269 ***	0. 000		
	SIZ	0. 035	0. 000	138. 674 ***	0. 000		
	C	－0. 870	0. 006	－144. 361 ***	0. 000		

注：*** 表示在 1% 的水平下显著。

从表 6－5 看到，在 2007 年，模型 6－3 的可决系数仅为 0. 077，说明拟合优度较差，即所选用的解释变量不是影响被解释变量的主要原因，但从 F 检验来看，整体线性在 1% 的水平下通过显著性检验。2008 年和 2009 年模型 6－3 的可决系数分别为 0. 317、0. 239。从变量的显著性检验来看，各变量均在 1% 的水平下显著。

（1）变量 LEV（年末资产负债率）的影响分析。在 2007 年和 2009 年，变量 LEV 的回归系数 $\beta_1>0$，且在 1% 的水平下显著。在 2008 年，变量 LEV 的系数 $\beta_1<0$ 且在 1% 的水平下显著。说明资产负债率对被解释变量的影响方向并不稳定。

（2）变量 LOS（上年亏损、当年主营业务亏损或是否 ST 等亏损迹象）的影响分析。在 2007 年和 2008 年，变量 LOS 的系数 $\beta_2<0$，且在 1% 的水平下显著。在 2009 年，变量 LOS 的系数 $\beta_2>0$ 且在 1% 的水平下显著。这说明，扭亏变量对被解释变量的影响方向不稳定。

（3）变量 GRO（主营业务利润增长率）的影响分析。在 2007 年和 2008 年，变量 GRO 的系数 $\beta_3>0$ 且在 1% 的水平下显著。在 2009 年，变量 GRO 的系数 $\beta_3<0$ 且在 1% 的水平下显著。也就是说，主营业务利润增长率对被解释变量的影响方向也是不稳定的。

如果分年度来看，在 2007 年，模型 6-3 的可决系数 R^2 为 0.007，拟合优度较差；但整体线性在 1% 的水平下通过显著性检验。变量 LEV（资产负债率）的回归系数 $\beta_1>0$，LOS（亏损变量）的回归系数 $\beta_2<0$，GRO（主营业务利润增长率）的回归系数 $\beta_3>0$，而且这三个解释变量的回归系数均在 1% 的水平下显著。实证结果表明，2007 年，计入其他综合收益的股票投资损益占当期利润总额的比重与年末资产负债率和主营业务利润增长率正相关，但与亏损变量负相关。

在 2008 年，模型 6-3 的可决系数 R^2 为 0.317，拟合优度明显好于 2007 年；F 检验也较好。变量 LEV（资产负债率）的回归系数 $\beta_1<0$，LOS（亏损变量）的回归系数 $\beta_2<0$，GRO（主营业务利润增长率）的回归系数 $\beta_3>0$，而且这三个解释变量的回归系数均在 1% 的水平下显著。2008 年，计入其他综合收益的股票投资损益占当期利润总额的比重与年末资产负债率和亏损变量负相关，但与主营业务利润增长率正相关。

在2009年，模型6-3的可决系数R^2为0.239，低于2008年R^2；F检验拟合优度也较好。变量LEV（资产负债率）的回归系数$\beta_1>0$，LOS（亏损变量）的回归系数$\beta_2>0$，GRO（主营业务利润增长率）的回归系数$\beta_3<0$，而且这三个解释变量的回归系数均在1%的水平下显著。2009年，计入其他综合收益的股票投资损益占当期利润总额的比重与年末资产负债率和亏损变量正相关，但与主营业务利润增长率负相关。

综合以上分析，无论市场环境如何，计入其他综合收益的股票投资损益与上市公司盈余管理的债务契约动机、扭亏动机和利润平滑动机之间并没有稳定的、显著的相关关系，这也说明，由于计入其他综合收益，这部分未实现损益不会影响公司的当期盈余，因而也不是管理层盈余管理活动关注的重点。

6.3.5 稳健性检验

如同第5章对于股票投资的价值相关性研究，为了增强上述研究结论的稳健性，笔者将年份作为控制变量，对2007~2009年间的所有样本做了全样本的回归分析，即进行稳健性检验。

表6-6是全样本的描述性统计结果。

表6-6　　盈余管理研究稳健性检验的描述性统计

	样本数	均值	标准差	最小值	最大值
PLSI	866	0.05	0.09	0.00	0.54
INS	866	0.08	0.13	-0.47	0.44
OCI	866	0.25	0.52	-1.00	2.23
LEV	866	0.05	0.09	-0.22	0.31
GRO	866	-0.05	0.08	-0.34	0.18
SIZ	866	0.02	0.11	-0.21	0.44
FIN	866	0.51	0.19	0.10	0.89

从PLSI（计入利润的股票投资损益占当期利润总额的比重）、INS（股票投资产生的“投资收益”占当期利润总额的比重）、OCI（计入其他综合收益的股票投资损益占当期利润总额的比重）三个指标的均值大小关系来看，OCI的均值最大，说明上市公司计入可供出售金融资产的股票投资较多；其次是股票投资收益占比大于股票投资利润占比的均值，说明公允价值变动损益具有随被投资公司股价剧烈波动的特点，在市场行情低落时，它对利润会产生负面的影响。

而GRO（主营业务利润增长率）均值为-0.05，说明在本书的研究期间中，样本公司其平均的主业增长状况不理想，甚至出现了负增长。因为本章的有效样本公司实际上是本年利润总额大于零而且上年主营业务利润也大于零的持股公司，所以这也从一个侧面反映了这些公司普遍具有利用股票投资弥补主营业务业绩的倾向。

笔者进一步利用全样本公司对模型6-1、6-2和6-3进行了稳健性检验，全样本的OLS回归结果如表6-7所示。

表6-7　稳健性检验的OLS回归结果

	PLSI		INS		OCI	
	估计系数	t值	估计系数	t值	估计系数	t值
截距项	0.291	1.36	0.438	2.17**	-1.647	-0.96
LEV	-0.052	-0.79	-0.104	-1.66*	-0.856	-1.62*
LOS	0.534	11.26***	0.496	11.08***	-0.462	-1.21
GRO	0.002	2.06**	0.000	-0.61	0.010	1.48
FIN	0.847	5.43***	1.008	6.84***	-7.478	-5.97***
SIZ	-0.010	-0.97	-0.015	-1.57	0.109	1.36
调整 R^2	0.167		0.198		0.045	
F值	35.58***		43.58***		9.05***	
样本量	866		866		866	

注：***、**、*分别表示在1%、5%和10%水平上显著。

模型6-1以PLSI（计入利润的股票投资损益占当期利润总额的比重）为被解释变量，回归的可决系数较高，F值在1%的水平上显著，说明模型的整体线性显著。变量LEV（资产负债率）的回归系数为负，而且不显著。LOS（亏损变量）的回归系数为正，在1%的水平下显著，支持假设2。GRO（主营业务利润增长率）的回归系数为正，在5%的水平下显著，与假设3相反，说明主要业务利润增长率越高，股票投资利润的比重越大。特别地，FIN（股票投资占总资产的比重）回归系数为正，在1%的水平下显著，这说明持有股票越多的公司，其股票投资利润对公司利润总额的影响越大。所以，上市公司具有利用股票投资扭亏为盈的动机，同时还具有尽可能增加公司利润的动机。

以INS（股票投资产生的“投资收益”占当期利润总额的比重）为被解释变量，模型6-2回归的可决系数较高，F值在1%的水平上显著，说明模型的整体线性显著。从LOS（亏损变量）的回归系数和显著性水平看，上市公司具有利用股票投资的已实现损益扭亏为盈的动机。从FIN（股票投资占总资产的比重）的回归系数和显著性可以看出，持有股票越多的公司，其股票投资已实现损益对公司利润总额的影响越大。LEV（资产负债率）、GRO（主营业务利润增长率）的回归系数及显著性水平并不支持本书的假设。

以OCI（计入其他综合收益的股票投资损益占当期利润总额的比重）为被解释变量，模型6-3回归的可决系数偏低，但F值在1%的水平上显著。各变量的回归系数及显著性水平都表明，计入其他综合收益的股票投资损益与上市公司的债务契约动机变量、扭亏动机变量和利润平滑动机变量没有显著的相关关系，支持假设5。

6.4 本章小结

本章选取2007～2009年每年年末有股票投资的沪深主板非金

融保险行业上市公司作为研究样本，从综合收益的角度，研究了上市公司的股票投资行为与管理层盈余管理动机之间的关系。经过对样本的筛选整理，实际有效样本是持有股票投资，当年盈利而且上年主营业务也盈利的优质公司。本章重点关注的是盈余管理的债务契约动机、扭亏动机和平滑利润动机。通过变换被解释变量，笔者还试图研究股票投资利润、股票投资已实现损益和计入其他综合收益的股票投资损益与盈余管理动机之间的关系。

本章的实证结果表明：

(1) 在本书的研究期间，上市公司具有稳定且显著的利用股票投资利润进行扭亏为盈的盈余管理动机。股票投资利润与上市公司资产负债率之间没有稳定的相关关系，2008 年和 2009 年股票投资利润与资产负债率正相关，存在债务契约动机；2007 年的实证结果与理论预期相反。股票投资利润与主营业务利润增长率之间也没有稳定的相关关系，2007 年和 2008 年都与理论预期相反，表明不存在平滑利润的动机，相反还有微弱的利用股票投资加大公司盈余的动机；2009 年则没有相关关系。

(2) 从股票投资已实现损益（即股票投资收益）与公司债务契约动机、扭亏动机和平滑利润动机的关系看，在样本研究期间，股票投资收益与公司扭亏动机变量始终正相关，表明公司有利用股票投资收益实现扭亏为盈的动机。股票投资收益与债务契约动机变量（资产负债率）始终负相关，与原理论预期完全相反，可能是由于本书研究的样本是在本年已实现盈利（利润总额为正）而且上年主营业务也盈利的公司，这类公司其业务经营可能更稳健，筹资策略也更为保守；童盼等（2005）发现，上市公司的投资规模越大，负债比例越小，二者的相关关系受项目风险的影响。股票投资收益与平滑利润动机变量（主营业务利润增长率）的相关关系不稳定，在 2008 年和 2009 年负相关，表明存在平滑利润的动机，而在 2007 年正相关，与原预期相反。

(3) 2007 年和 2009 年，股票投资收益与公司债务契约变量、扭亏变量和平滑利润变量的拟合优度都比股票投资利润与这些变量的拟合优度差，2008 年则比股票投资利润与这些变量的拟合优度好。表明在股票市场行情较好的时期，这些变量对股票投资利润的影响较大，而在股票市场低迷时，对股票投资收益（已实现损益）的影响较大。

（4）从计入其他综合收益的股票投资损益与公司债务契约动机、扭亏动机和平滑利润动机的关系看，在 2007 年和 2009 年，计入其他综合收益的股票投资损益与公司债务契约动机变量（资产负债率）显著正相关，2008 年显著负相关，说明相关关系不稳定；在 2007 年和 2008 年，计入其他综合收益的股票投资损益与公司扭亏动机变量显著负相关，2009 年显著正相关，说明相关关系不稳定；在 2007 年和 2008 年，计入其他综合收益的股票投资损益与平滑利润动机变量（主营业务利润增长率）显著正相关，2009 年显著负相关，相关关系也不稳定。所以，无论市场环境如何，计入其他综合收益的股票投资损益与上市公司盈余管理的债务契约动机、扭亏动机和利润平滑动机之间并没有稳定的、显著的相关关系，这也说明，由于计入其他综合收益，这部分未实现损益不会影响公司的当期盈余，因而也不是管理层盈余管理活动关注的重点。

（5）全样本的稳健性检验结果则表明，上市公司存在利用股票投资利润扭转亏损局面的动机；计入其他综合收益的股票投资损益与上市公司的债务契约动机变量、扭亏动机变量和利润平滑动机变量没有显著的相关关系。这些结果与分年度检验的结果一致。

第7章

结论与政策建议

本章首先对前面各章节的研究成果和研究发现进行总结和讨论；然后，在此基础上，针对发现的问题提出相关政策建议；最后，分析本书的研究局限性，并为未来进一步研究的开展进行了设想。

7.1 研究结论

7.1.1 上市公司股票投资行为历史变迁研究的基本结论

（1）会计准则、国家相关制度规定和资本市场的发展状况等外部因素是上市公司股票投资行为的风向标。作为企业的非主营业务，上市公司股票投资行为受这些外部环境和因素的影响尤其明显。2007年以后我国资本市场上股票投资的兴起缘于两方面外部环境的变化：一是会计制度环境的改变，即对股票投资采用公允价值计量方法，股票投资价值变动直接体现为净利润和净资产的变动；二是资本市场环境的重大改变，即股权分置改革赋予非流通股自由流通的权利，资本市场上新股发行和配股融资都重新启动。

（2）我国上市公司的交叉持股经历了战略型交叉持股为主向财务型交叉持股为主转变的发展过程。2007年新会计准则实施前，上市公司的交叉持股以战略型交叉持股为主，持有股票投资的公司数目少而且比较稳定。究其原因，在资本市场环境方面，1999年以前，还未放开禁止上市公司购买流通股的禁令；在会计制度规定方面，2007年以前的会计准则或会计制度都对股票投资采用历史成本计价或成本与市价孰低计价方法。

（3）2007年以后，上市公司的交叉持股转为以财务型交叉持股为主，自2007年下半年开始，持有股票投资的公司数量急剧增多。新准则实施后，股票投资成为上市公司较常见的现象。原因是2005年股权分置改革启动，限售股陆续取得了自由流通权，增加了资本市场上的股票供给。更为重要的是，新会计准则采用公允价值计量方法，股票投资的价值变动直接反映为上市公司净利润和净资产的变化。

7.1.2 上市公司股票投资行为影响因素研究的基本结论

在第4章笔者研究了新会计准则实施后影响上市公司股票投资行为的因素。研究得出以下基本结论：

（1）在外部环境中，上市公司股票投资行为受股票市场行情变化的影响显著，年度股指变化率与股票投资行为正相关。

（2）资产负债率、流动比率和公司规模均是股票投资行为的内部影响因素。它们对股票投资的绝对值和相对值的变化都有着稳定的影响关系。资产负债率、流动比率与股票投资行为负相关，公司规模大小与股票投资行为正相关。

（3）每股营业利润、经营活动现金流量状况、投资活动现金流量状况、上市公司的成长性、高管薪酬和第一大股东持股比例与上市公司股票投资行为的关系不稳定，表现在采用不同的变量指标（股票投资价值绝对值和股票投资价值变动值）和回归方法（OLS回归方法、Cluster回归方法），回归结果不同。净资产收益率、筹资活动现金流量状况、两职设置状况、独立董事比例以及实际控制人性质则与上市公司的股票投资行为没有显著的相关关系。

7.1.3　上市公司股票投资价值相关性研究的基本结论

按照新会计准则的规定，上市公司股票投资的价值变动都反映在综合收益中。在第 6 章，笔者研究了 2007 年以后上市公司股票投资行为的价值相关性。

（1）综合收益的各个组成项目都具有价值相关性，无论计入会计盈余还是净资产，无论是已实现损益还是未实现损益。类似于会计盈余指标，综合收益总括指标对股票价值的解释力度小于其各个组成项目的解释力度，在将股票投资产生的利润和净资产都进一步拆分后，可决系数 R^2 显著提高，对持股公司股价波动的解释力度得到了加强。

（2）虽然对股票价格具有一定的解释效力，但每股主营业务利润对股价的影响要大于每股股票投资利润对股价的影响，而后者又大于每股计入资本公积的股票投资价值变动的影响。也就是说，对上市公司股票价格起决定作用的还是公司自身的主营业务经营情况，而股票投资只能对其起辅助作用。

（3）同属于未实现损益的价值变动，计入会计盈余的未实现损益比计入净资产的未实现损益对股票价格的解释力度大。这说明，收入费用观在目前的资本市场上仍然占据主导地位，投资者对会计盈余指标的重视程度大于净资产指标。即便是 2009 年财政部加强了综合收益信息披露要求，这种状况仍未改变。

（4）在会计盈余中，已实现股票投资损益（投资收益）对股价的解释力度小于未实现投资损益（公允价值变动损益）的解释力度。这说明，公允价值计量的信息具有更强的价值相关性。

（5）2008 年股票投资产生的利润和股票投资产生的净资产其变量的回归系数符号都不符合预期，2007 年和 2009 年的实证结果则与当年的股票市场行情基本吻合。这说明，公允价值计量信息的价值相关性容易受到资本市场环境的影响。

7.1.4 上市公司股票投资盈余管理动机研究的基本结论

在第6章，笔者研究了上市公司利用股票投资进行盈余管理的债务契约动机、扭亏动机和平滑利润动机。

（1）在2007～2009年间，上市公司具有稳定且显著的利用股票投资利润进行扭亏为盈的盈余管理动机。股票投资利润与上市公司资产负债率之间没有稳定的相关关系，2008年和2009年股票投资利润与资产负债率正相关，存在债务契约动机；2007年的实证结果与理论预期相反。股票投资利润与主营业务利润增长率之间也没有稳定的相关关系，2007年和2008年都与理论预期相反，表明不存在平滑利润的动机，相反还有微弱的利用股票投资加大公司盈余的动机；2009年则没有相关关系。

（2）从股票投资已实现损益（即股票投资收益）与公司债务契约动机、扭亏动机和平滑利润动机的关系看，在样本研究期间，股票投资收益与公司扭亏动机变量始终正相关，表明公司有利用股票投资收益实现扭亏为盈的动机；股票投资收益与债务契约动机变量（资产负债率）始终负相关，与原理论预期完全相反，可能是由于本书研究的样本是在本年已实现盈利（利润总额为正）而且上年主营业务也盈利的公司，这类公司其业务经营可能更稳健，筹资策略也更为保守；股票投资收益与平滑利润动机变量（主营业务利润增长率）的相关关系不稳定，在2008年和2009年负相关，表明存在平滑利润的动机，而在2007年正相关，与原预期相反。

（3）2007年和2009年，股票投资收益与公司债务契约变量、扭亏变量和平滑利润变量的拟合优度都比股票投资利润与这些变量的拟合优度差，2008年则比股票投资利润与这些变量的拟合优度好。表明在股票市场行情较好的时期，这些变量对股票投资利润的影响较大，而在股票市场低迷时，对股票投资收益（已实现损益）

的影响较大。

（4）从计入其他综合收益的股票投资损益与公司债务契约动机、扭亏动机和平滑利润动机的关系看，在2007年和2009年，计入其他综合收益的股票投资损益与公司债务契约动机变量（资产负债率）显著正相关，2008年显著负相关，说明相关关系不稳定；在2007年和2008年，计入其他综合收益的股票投资损益与公司扭亏动机变量显著负相关，2009年显著正相关，说明相关关系不稳定；在2007年和2008年，计入其他综合收益的股票投资损益与平滑利润动机变量（主营业务利润增长率）显著正相关，2009年显著负相关，相关关系也不稳定。所以，无论市场环境如何，计入其他综合收益的股票投资损益与上市公司盈余管理的债务契约动机、扭亏动机和利润平滑动机之间并没有稳定的、显著的相关关系，这也说明，由于计入其他综合收益，这部分未实现损益不会影响公司的当期盈余，因而也不是管理层盈余管理活动关注的重点。

7.2 政策建议

本书从综合收益的概念角度入手，对我国上市公司股票投资行为的历史发展进行了分析，同时对上市公司股票投资行为的影响因素、股票投资的价值相关性以及股票投资的盈余管理动机进行了实证分析。如前文所述，上市公司股票投资行为尤其容易受会计准则、国家相关制度规定和资本市场的发展状况等因素的影响。有学者认为，会计审计准则、企业内部控制以及政府监管，是促进资本市场健康发展的三大支柱（王军，2006）。为了引导上市公司股票投资行为向健康、积极的方向发展，根据研究得出的结论，笔者提出如下建议。

7.2.1 交叉持股方面的政策建议

在经历2007~2008年股票市场行情的大起大落后，上市公司交叉持股的负面效应格外受关注，但是交叉持股的存在也有其客观必然性。一是在股权分置改革的中后期，将会有越来越多的上市公司限售股解禁，从而也涉及更多的持股公司，对于这种历史遗留问题，只能运用特殊方式予以解决。二是随着企业上市融资功能恢复，上市公司也会成为市场的购买主体。因此，笔者认为，对交叉持股，我们的监管政策是宜疏不宜堵，应加强以下措施。

1. 促使上市公司加强信息披露

在编制2007年年报时，证监会已经要求上市公司重点披露交叉持股情况，包括持有其他上市公司发行的股票和证券的情况，以及对非上市金融企业、拟上市公司的参股情况。但这项规定对披露的详细要求不够明确。从实际执行效果来看，许多上市公司对交叉持股信息的披露并未遵照规定。具体表现在，披露格式上不一致，具体内容口径不统一，披露内容单薄，披露程度不够，对投资者了解上市公司交叉持股真实情况的帮助非常有限。

因此建议相关监管部门在上市公司交叉持股信息披露方面再作出严格规范。一是增加披露内容，将获得股份的时间、获得方式(发起人股份、募集股份、首次公开发行、股份增发、司法裁判、二级市场购买等)、持股成本、持股比例、处置情况、交叉持股对公司财务状况的影响情况及被持股公司的主营业务等内容纳入披露范围。二是建立上市公司交叉持股的实时信息披露系统，建立定期披露和及时披露相结合的信息披露制度，使投资者和监管部门及时了解交叉持股状况及对公司业绩影响情况。三是在财务报告（财务报表附注）中详细披露股票投资决策机制和风险控制机制，披露的主要内容包括：上市公司股票投资资金的来源，上市公司股票投资决策方案的主要内容、对主业经营可能产生的影响、面临的可能风险，董事会（投资决策委员会）对股票投资决策方案的意见，独立董事对股票投资决策方案的意见，股东大会（或临时股东大会）对股票投资方案的意见，上市公司股票投资专门负责机构及负责人员，上市公司股票投资风险控制措施等。

2. 引导上市公司树立正确的理财观念和投资观念

上市公司应该充分认识到交叉持股的“双刃剑”作用，尤其是财务投资型交叉持股的消极作用，从而避免加大公司的财务风险或财务风险失控。同时，上市公司应设立股票投资风险监控机制，重点关注股票投资的风险，做好事前的风险分析和及时的风险控制，减少股票投资给公司带来的损失。此外，上市公司还应根据自身业务特点和发展战略需要，开展股权投资型交叉持股，与业务相关的上市公司交叉持股可以增强自身的主业优势或拓展业务领域，充分发挥交叉持股的积极作用。

监管机构应该适时地对证券市场上现有及潜在的投资者进行必要的风险指引和风险提示，提醒投资者关注股票投资较多的上市公司所可能面临的主业经营风险和利润波动风险，并做出理性的投资决策。同时，监管部门应该加强对投资者的教育，通过各种媒体形式提示投资者，主营业务收益与股票投资收益不仅在持续性上有显著差异，由此所引致的二者对市场估值和市场定价的影响也有实质的差别，告知现有及潜在的投资者不能仅仅关注利润表的会计收益信息，更应该关注资产负债表项目、会计收益的构成及其比值。

7.2.2 综合收益方面的政策建议

第 6 章和第 7 章的研究表明，在当前，会计收益指标在市场定价方面仍发挥着重要的引导作用，也正是由于市场、投资者、监管层对会计收益指标的重视，才产生了上市公司的盈余管理行为。所以，创建健康的资本市场环境，全面引入综合收益概念，并树立其重要的引导地位，是大势所趋。在我国现行的会计准则下，部分其他综合收益的内容，如公允价值变动损益，已经包含在净利润中，但在基本准则中没有明确给出综合收益的概念，不利于综合收益报告的推广。为此笔者提出以下政策建议：

1. 增加“综合收益”会计要素

收入、费用和利润是我国现有的利润表要素，利得和损失没有作为单独的利润表要素。但在计算利润时，却又将利得和损失包括在内，所以利润表要素的定义与利润指标包括的内容不一致。在证监会发布的《公开发行证券的公司信息披露解释性公告第1号——非经常性损益（2008）》中，将交易性金融资产期末发生的公允价值变动损益作为企业的非经常性损益，是企业的利得或者损失。这说明，目前在我国虽然没有对利得和损失做出严谨、清晰的概念界定，但在有关的制度规定中却已使用了这两个术语并作出了规范。收入、费用、利得、损失是综合收益的不同组成部分，目前需要对这四个组成部分做出清晰的概念界定，从而正确确定综合收益各个项目的流向和归属，理清综合收益的内部结构，并有助于评价会计收益质量。因此，建议增加综合收益要素；同时逐步弱化利润指标的使用，逐步取消利润会计要素。在会计准则中对于综合收益、利润和其他综合收益之间的关系予以明确。

2. 修订现行准则

我国新会计准则是向国际会计准则协调的产物，对于金融工具的规定也是趋同的结果。《国际会计准则第39号——金融工具：确认和计量》（IAS39）规定，权益工具公允价值变动所产生的未实现利得和损失分别计入“公允价值变动损益”和“资本公积”，从而分别反映为当期损益或所有者权益。这样部分未实现利得和损失（即“公允价值变动损益”）计入利润表，而另一部分未实现利得和损失（即可供出售金融资产持有期间的价值变动损益）却通过所有者权益变动表来反映；权益工具已实现的利得和损失则通过“投资收益”计入利润表。可以想象，如果企业持有的交易性金融资产较多，在全部资产中所占比重较大，那么企业的净利润将包含大量的未实现损益，成为已实现收益和未实现利得（损失）的混合物，这会明显地歪曲企业的真实业绩，为信息使用者提供的是既不相关更不可靠的模糊信息（葛家澍，2009），影响信息的决策有用性。

2009 年 11 月 12 日，国际会计准则理事会（IASB）发布了适用于金融资产分类和计量的《国际财务报告准则第 9 号——金融工具》（IFRS9），并将于 2013 年 1 月 1 日起执行。根据 IFRS9 的要求，所有的金融资产应当根据会计主体管理金融资产的经营模式和金融资产现金流量的特征加以区分，分为“以摊余成本计量”和“以公允价值计量”两类，即金融资产由四分类改为两分类。IFRS9 要求交易目的持有的权益工具除外，其余权益工具，尤其是一些长期持有的战略性投资，其公允价值变动产生的利得和损失计入其他综合收益，这部分利得和损失（股利除外）无论其是否已实现，都不再计入利润表，所有公允价值变动永久地保留在权益中。这样，交易性金融资产的公允价值变动将全部计入利润表中，而划分为可供出售金融资产的股票投资，其持有期间的价值变动及最终处置利得（损失）全部计入资本公积。

我国准则将如何修改？是与 IFRS9 保持协调一致还是做其他变动？基于本书的研究结果，笔者认为，应将未实现利得或损失的列报予以统一。前文的实证结果也表明，公允价值变动损益对股价波动的影响更大，因此建议从利润表中剔除未实现利得和损失，将其改计入所有者权益中，并反映在所有者权益变动表里。如果与 IFRS9 基本保持一致，那么综合收益概念的全面推广使用则迫在眉睫。

3. 推广使用综合收益指标

我国现行许多法律、法规都规定以净利润作为业绩衡量指标，这在一定程度上刺激了实行公允价值计量后股票投资的发展。所以应改变资本市场首次上市公开发行股票、增配股和债券融资的利润“门槛”设定，改变上市资格获得与否、暂停上市与终止上市、签订经济合同与履约评价等许多方面过度倚重利润指标的状况，而应使用综合收益指标作为评价的标准和依据，综合考虑资产负债因素、股东权益变动状况和现金流量状况，实现评价指标的客观化和多元化。

4. 充分报告综合收益

报告综合收益是会计国际协调的需要。2007 年 9 月，国际会计准则理事会发布《国际会计准则第 1 号——财务报表的列报》修订版。规定综合收益表可以采用单表式或两表式来反映。我国新准则要求通过所有者权益变动表列报综合收益。从 2009 年《企业会计准则解释第 3 号》的规定可以看出，我国选择了在同一张报表中反映净损益、其他综合收益和综合收益总额。综合收益的报告模式还在探索研究中，笔者认为我国对其他综合收益的列报还可以再细化，需要进行报告模式的改进，编制综合收益表。

7.2.3 公允价值信息方面的政策建议

美国财务会计准则委员会在 1979 年 9 月颁布的《衍生工具与套期保值工具》（FAS133）中指出，公允价值是金融工具最相关的计量属性，是衍生金融工具唯一相关的计量属性。所以股票投资采用公允价值计量是必要的。但是股票投资在期末的公允价值，是建立在假想的交易基础之上的，无论是股票投资的账面价值还是股票投资所产生的综合收益，既不代表现时的现金流量，也不代表未来可能的现金流量。这是由公允价值计量属性自身的缺陷所造成的。为了弥补这种缺陷，笔者建议，对于以公允价值计量的股票投资，表内确认和表外披露这二者都是不可或缺的。除了对股票投资在财务报表中采用公允价值进行确认外，在财务报告附注中还应详细披露股票投资的其他信息，如股票投资的初始取得成本、所持股票在股票市场上交易的活跃程度等，从而为财务报告使用者判断公司未来的现金流量状况等提供充足的信息。

7.3 研究局限性及进一步研究方向

7.3.1 研究局限性

首先，研究期限问题。本书主要研究了2007～2009年之间上市公司股票投资的影响因素、价值相关性和盈余管理动机。虽然2007年、2008年、2009年三年间股票市场表现和相关政策都有变化，但是要得到更稳健、更有说服力的研究结论，还应适当延长研究期限。鉴于手工整理数据的繁琐性和时间限制，笔者只选择了三年的研究期限。

其次，研究样本问题。由于股票投资流动性强，年末没有股票投资但在年度中进行了股票投资活动的上市公司未包括在本书的研究样本中。而获取这些公司的名单，需要对大量的上市公司中报和季报进行手工整理分析，未能将这些公司纳入研究样本，可能会对本书的研究结果造成一定影响。

最后，实证检验问题。本书对于研究模型的相应数据进行实证回归时，进行了简单的描述性统计，及最小二乘法的多元线性回归，并主要考察了回归结果的R^2、t值、F值等判断显著性的基本统计指标。但是对于多重共线性、内生性等，本书则没有或没有做深入探讨，这些统计检验对于本书研究的完整性及结论的可靠性也很重要。

7.3.2 进一步研究方向

对于上市公司股票投资行为进行系统研究的文献还较少，本书作为系统性研究上市公司股票投资的少量文献之一，还存在较多的不足之处。笔者认为，未来研究主要关注以下方面：

1. 我国上市公司股票投资的特点

如前所述，因受到资料限制，笔者未能获得季度报告中披露股票投资情况的上市公司资料。在今后的研究中，如能获得这些数据，可研究上市公司股票投资的转手频率、短期内股票投资的价值变化、股票投资的行业分布及地域分布等，对上市公司股票投资的特点做深入分析。

2. 使用其他价值相关性模型做替代研究

本书研究上市公司股票投资的价值相关性，主要选择了价格模型，从上市公司股票投资对于市场定价的影响角度来进行的。后续研究可以考虑使用收益模型（收益率模型或报酬率模型），来做进一步的研究。

参 考 文 献

中文参考文献

[1] A. C. 利特尔顿：《会计理论结构》，中国商业出版社1989年版。

[2] J. R. 希克斯：《价值与资本》，薛蕃康译，商务印书馆1962年版。

[3] 艾·马歇尔：《经济学原理》，廉运杰译，华夏出版社2005年版。

[4] 白默、刘志远：《交叉持股公司的“做大做强”与资本市场的泡沫化》，载《上海金融》2009年第12期。

[5] 白默、张艳霞：《公允价值计量模式下的盈余反应——基于上市公司交叉持股的实证研究》，载《财会通讯》2010年第6期。

[6] 陈放：《公允价值计量模式选择动因与影响因素研究——基于金融资产分类的实证检验》，载《财会月刊》2010年6月下旬刊。

[7] 陈国欣、祝继高：《我国上市公司盈余管理行为的实证分析》，载《南开管理评论》2004年第5期。

[8] 陈建岐：《刍谈盈余管理》，载《财会月刊》2000年第18期。

[9] 陈威、曹曦予、刘骢：《我国上市公司盈余管理探析——基于金融资产分类及会计确认差异的视角》，载《会计之友》2011年第1期。

[10] 陈小悦、肖星、过晓艳：《配股权与上市公司利润操

纵》，载《经济研究》2000 年第 1 期。

[11] 陈晓、陈小悦、倪凡：《我国上市公司首次股利信号传递效应的实证研究》，载《经济科学》1998 年第 5 期。

[12] 陈晓、陈小悦、刘钊：《A 股盈余报告的有用性研究——来自上海、深圳股市的实证证据》，载《经济研究》1999 年第 6 期。

[13] 陈晓、戴翠玉：《A 股亏损公司的盈余管理行为与手段研究》，载《中国会计评论》2004 年第 2 期。

[14] 陈学彬、许敏敏：《公允价值变动对中国上市公司影响的实证分析——从盈利和股价波动的视角进行》，载《金融论坛》2010 年第 1 期。

[15] 程小可：《中国上市公司盈余结构的业绩预测能力》，载《经济科学》2005 年第 4 期。

[16] 程小可、龚秀丽：《新企业会计准则下盈余结构的价值相关性——来自沪市 A 股的经验证据》，载《上海立信会计学院学报》2008 年第 4 期。

[17] 程小可：《上市公司盈余质量分析与评价研究》，东北财经大学出版社 2006 年版。

[18] 初宜红：《日本企业会计准则的发展与变革》，载《财会通讯》2008 年第 10 期。

[19] 邓传洲：《公允价值的价值相关性：B 股公司的证据》，载《会计研究》2005 年第 10 期。

[20] 邓秋云：《非经常损益与股票价格的相关性分析》，载《财经理论与实践》2005 年第 5 期。

[21] 邓玉英：《企业生命周期阶段的自由现金流量对投资的影响》，载《商业会计》2009 年第 17 期。

[22] 郝颖：《基于委托代理理论的企业投资研究综述》，载《管理学报》2010 年第 12 期。

[23] 冯淑萍：《关于我国当前环境下的会计国际化问题》，载《会计研究》2003 年第 2 期。

[24] 冯淑萍:《中国对于国际会计协调的基本态度与所面临的问题》，载《会计研究》2004 年第 1 期。

[25] 冯淑萍、应唯:《我国会计标准建设与国际协调》，载《会计研究》2005 年第 1 期。

[26] 干胜道、钟朝宏、田艳:《微利上市公司盈余管理实证研究》，载《财经论丛》2006 年第 6 期。

[27] 高雷、宋顺林:《关联交易、支持与盈余管理——来自配股上市公司的经验证据》，载《财经科学》2010 年第 2 期。

[28] 葛家澍:《关于公允价值会计的研究——面向财务会计的本质特征》，载《会计研究》2009 年第 5 期。

[29] 葛家澍、杜兴强:《会计理论》，复旦大学出版社 2005 年版。

[30] 顾兆峰:《论盈余管理》，载《财经研究》2000 年第 3 期。

[31] 郭旭芬:《资本市场会计规范效果的价值相关性检验》，载《集美大学学报（哲学社会科学版)》2006 年第 1 期。

[32] 黄晓榕:《关于公允价值计量属性的探析》，载《北京工商大学学报（社会科学版)》2006 年第 2 期。

[33] 黄学敏:《公允价值：理论内涵与准则运用》，载《会计研究》2004 年第 16 期。

[34] 姜丹、李伟:《盈余管理的中外比较研究》，载《财会通讯》2008 年第 9 期。

[35] 蒋义宏、李颖琦:《上市公司会计变更对利润影响的实证研究》，载《证券市场导报》1998 年第 12 期。

[36] 蒋义宏、李树华:《证券市场会计问题实证研究》，陈乃进、屠光绍、桂敏杰主编，中国经济出版社 1999 年版。

[37] 蒋义宏、王丽琨:《非经常性损益为何经常发生》，载《证券市场导报》2003 年第 6 期。

[38] 孔洁珉:《交叉持股下的非理性繁荣》，载《首席财务

官》2007 年第 8 期。

[39] 李常青、洪泳:《上市公司非经常性损益: 披露制度的完善》, 载《当代经济》2003 年第 6 期。

[40] 李连军、温璐:《公允价值信息对投资决策的影响》, 载《扬州大学学报》(人文社会科学版) 2008 年第 4 期。

[41] 李维安、姜涛:《公司治理与企业过度投资行为研究——来自中国上市公司的证据》, 载《财贸经济》2007 年第 12 期。

[42] 李鑫、孙静:《公司治理对上市公司过度投资约束效应的实证研究》, 载《宁夏大学学报 (人文社会科学版)》2008 年第 1 期。

[43] 李玉翠、张协奎、张媛:《我国上市公司交叉持股对公司价值影响的实证研究》, 载《中国管理科学》2009 年第 10 期。

[44] 林舒、魏明海:《中国 A 股发行公司首次公开募集过程中的盈余管理》, 载《中国会计与财务研究》2000 年第 2 期。

[45] 刘昌国:《公司治理机制、自由现金流量与上市公司过度投资行为研究》, 载《经济科学》2006 年第 4 期。

[46] 刘峰、吴风、钟瑞庆:《会计准则能提高会计信息质量吗——来自中国股市的初步证据》, 载《会计研究》2004 年第 5 期。

[47] 刘英男、王维华:《公允价值对财务报告信息质量相关性影响的实证分析》, 载《商业经济》2010 年第 1 期。

[48] 刘颖:《公允价值对上市公司业绩影响的实证分析》, 载《科学技术与工程》2008 年第 22 期。

[49] 刘志远:《高级财务管理》, 复旦大学出版社 2008 年版。

[50] 柳木华:《盈余质量的市场反应》, 载《中国会计评论》2003 年。

[51] 陆建桥:《中国亏损公司盈余管理实证研究》, 载《会计研究》1999 年第 9 期。

[52] 陆静、孟卫东、廖刚:《上市公司会计盈利、现金流量

与股票价格的实证研究》，载《经济科学》2002 年第 5 期。

[53] 陆庆春：《新旧会计准则价值相关性的实证研究——来自每股净资产的证据》，载《生产力研究》2008 年第 2 期。

[54] 陆宇峰：《净资产倍率和市盈率的投资决策有用性》，上海三联出版社 2000 年版。

[55] 陆宇建：《上市公司盈余管理的动机及其治理对策研究》，载《管理科学》2003 年第 4 期。

[56] 陆宇建：《我国 A 股上市公司基于配股权的盈余管理研究》，载《河北大学学报（哲学社会科学版）》2003 年第 4 期。

[57] 罗鸿：《上市公司治理与过度投资行为研究》，西南大学硕士论文，2010 年。

[58] 罗进辉、万迪防、蔡地：《大股东治理与管理者过度投资行为》，载《经济管理》2008 年第 7 期。

[59] 罗胜强：《〈企业会计制度〉国际协调程度的检验——基于上市公司实施〈企业会计制度〉的证据》，载《财经论丛》2005 年第 2 期。

[60] 罗胜强：《公允价值会计实证研究——来自中国资本市场的经验证据》，厦门大学博士学位论文，2007 年。

[61] 罗婷、薛健、张海燕：《解析新会计准则对会计信息价值相关性的影响》，载《中国会计评论》2008 年第 2 期。

[62] 迈克尔·查特菲尔德著：《会计思想史》，文硕等译，中国商业出版社 1989 年版。

[63] 梅丹：《国有上市公司的治理机制与过度投资》，载《上海立信会计学院学报》2008 年第 4 期。

[64] 孟焰、王伟：《非经常性损益的市场反应问题研究》，载《山西财经大学学报》2009 年第 11 期。

[65] 倪国爱、刘欣：《会计信息在上海股市中作用的实证研究》，载《财贸研究》2000 年第 3 期。

[66] 宁亚平：《盈余管理的定义及其意义研究》，载《会计研

究》2004 年第 9 期。

[67] 秦俊、朱方明:《我国上市公司间交叉持股的现状与特征》，载《财经论丛》2009 年第 3 期。

[68] 秦荣生:《财务会计新课题: 盈余管理》，载《当代财经》2001 年第 2 期。

[69] 邵蓝兰:《日本会计准则的改革背景与问题分析》，载《会计研究》2003 年第 1 期。

[70] 孙蔓莉、蒋艳霞、毛珊珊:《金融资产分类的决定性因素研究——管理者意图是否是真实且唯一标准》，载《会计研究》2010 年第 7 期。

[71] 童盼、陆正飞:《负债融资、负债来源与企业投资行为》，载《经济研究》2005 年第 5 期。

[72] 王建新:《基于新会计准则的会计信息价值相关性分析》，载《上海立信会计学院学报》2010 年第 3 期。

[73] 王军:《关于中国企业会计准则体系建设与实施的若干问题》，载《企业会计准则讲解 2006》，人民出版社 2007 年版。

[74] 王乐锦:《我国新会计准则中公允价值的运用: 意义与特征》，载《会计研究》2006 年第 5 期。

[75] 王伟:《中国上市公司证券投机: 行为动机与经济后果》，西南财经大学博士论文，2010 年。

[76] 王巍峰:《市况不济交叉持股或拖累部分上市公司》，载《上海证券报》2008 年 2 月 21 日第 C05 版。

[77] 王小明:《中金预警: 08 年上市公司投资收益或将负增长》，载《21 世纪经济报道》2008 年 4 月 9 日第 009 版。

[78] 王亚平、吴联生、白云霞:《中国上市公司盈余管理的频率与幅度》，载《经济研究》2005 年第 12 期。

[79] 王跃堂、孙铮、陈世敏:《会计信息改革与会计信息质量——来自中国证券市场的经验证据》，载《会计研究》2001 年第 7 期。

［80］王樾：《上市公司公允价值应用的经济后果分析——基于新准则公允价值视角下的理论分析与实证检验》，载《财经论丛》2011年第1期。

［81］魏刚、蒋义宏：《净资产收益率与配股条件》，载《证券市场会计问题实证研究》，上海财经大学出版社1998年版。

［82］魏明海：《盈余管理基本理论及其研究述评》，载《会计研究》2000年第9期。

［83］魏明海、谭劲松、林舒：《盈余管理的研究》，清华大学出版社2000年版。

［84］魏涛、陆正飞、单宏伟：《非经常性损益盈余管理的动机、手段和作用研究——来自中国上市公司的经验证据》，载《管理世界》2007年第1期。

［85］温菊英：《可供出售金融资产、综合收益和盈余管理》，载《合作经济与科技》2011年8月。

［86］文远怀、袁淳：《国外会计盈余价值相关性研究综述及启示》，载《经济研究参考》2006年第91期。

［87］吴世农、黄志功：《上市公司盈利信息报告、股价变动与股市效率的实证研究》，载《会计研究》1997年第4期。

［88］吴战篪：《证券投资的盈余管理研究——来自中国证券市场的经验证据》，载《经济经纬》2009年第3期。

［89］谢获宝、刘波罗：《综合收益列报：历史变迁及其理论分析》，载《财会通讯》2010年第6期。

［90］辛清泉、林斌、王彦超：《政府控制经理薪酬与资本投资》，载《经济研究》2007年第8期。

［91］许文静：《非经常性损益对上市公司财务业绩影响研究——基于沪市上市公司2007年年报分析》，载《中央财经大学学报》2009年第3期。

［92］亚当·斯密：《国富论》，唐日松译，华夏出版社2005年版。

[93] 杨萍:《上市公司交叉持股的风险分析》,载《科技信息》2007 年第 31 期。

[94] 杨顺华、赵喜仓、沃夫冈·米勒:《对盈余管理的再认识》,载《财经理论与实践》2010 年 5 月刊。

[95] 叶建芳、周兰、李丹蒙、郭琳:《管理层动机、会计政策选择与盈余管理——基于新会计准则下上市公司金融资产分类的实证研究》,载《会计研究》2009 年第 3 期。

[96] 于海燕、黄一鸣:《会计信息对上海证券市场股票价格影响作用的实证研究》,载《商业研究》2005 年第 4 期。

[97] 于永生:《IASB 与 FASB 公允价值计量项目研究》,立信会计出版社 2007 年版。

[98] 袁淳:《非经常性损益对财务业绩的影响》,载《中国财经报》2005 年 8 月 12 日。

[99] 袁淳、王平:《会计盈余质量与价值相关性:来自深市的经验证据》,载《经济理论与经济管理》2005 年第 5 期。

[100] 张功富、宋献中:《产品市场竞争能替代公司内部治理吗?——来自中国上市公司过度投资的经验证据》,暨南大学工作论文,2007 年第 5 期。

[101] 张翼、李辰:《股权结构、现金流与资本投资》,载《经济学》2005 年第 4 期。

[102] 赵春光:《资产减值与盈余管理——论〈资产减值〉准则的政策涵义》,载《会计研究》2006 年第 3 期。

[103] 赵自强、刘珊汕:《综合收益信息在我国的有用性研究——基于新会计准则的实证分析》,载《财会通讯》2009 年第 27 期。

[104] 中华人民共和国财政部,《企业会计准则·2006》,经济科学出版社 2006 年版。

[105] 周宝源、靖晨良:《我国新会计准则效果价值相关性的实证研究》,载《资本市场会计研究——第八届会计与财务问题国

际研讨会论文集》，2008 年。

［106］周伟贤：《投资过度还是投资不足——基于 A 股上市公司的经验证据》，载《中国工业经济》2010 年第 9 期。

［107］朱茶芬：《会计管制和盈余质量关系的实证研究》，载《财贸经济》2006 年第 5 期。

［108］朱丹、刘星、李世新：《公允价值的决策有用性：从经济分析视角的思考》，载《会计研究》2010 年第 6 期。

［109］朱凯、李琴、潘金凤：《信息环境与公允价值的股价相关性——来自中国证券市场的经验证据》，载《财经研究》2008 年第 7 期。

［110］朱焰兵：《综合收益理论和应用探讨》，江苏大学硕士论文，2005 年。

英文参考文献

［1］Abarbanell J. and R. Lehavy，1998：Can Stock Recommendations Predict Earnings Management and Analysts' Earnings Forecast Errors? Working Paper，University of California at Berkeley，Vol. 3.

［2］Aboody D.，M. E. Barth and R. Kasznik，1999：Revaluation of Fixed Assets and Future Firm Performance：Evidence from the UK，Journal of accounting and Economics，Vol. 26，No. 1 – 3.

［3］Aharony，J.，Chi-Wen Jevons Lee and T. J. Wong，2000：Financial Packaging of IPO Firms in China，Journal of Accounting Research，Vol. 38，No. 1.

［4］Alam P. and C. A. Brown，2006：Disaggregated Earnings and the Prediction of ROE and Stock Prices：A Case of the Banking Industry，Review of Accounting and Finance，Vol. 5，No. 4.

［5］Ball R. and P. Brown，1968：An Empirical Evaluation of Accounting Income Numbers，Journal of Accounting Research，Vol. 6，No. 2.

[6] Barth, James R. , Bartholomew, Philip F. and Elmer, Peter J. 1997: The Value of Tax Benefits and the Cost of Liquidating Versus Selling Failed Thrift Institutions, Journal of Economics & Finance, Vol. 21, No. 2.

[7] Barth, M. E. and G. . Clinch, 1998: Revalued Financial, Tangible, and Intangible Assets: Associations with Share Prices and Non-market-based Value Estimates, Journal of Accounting Research (Supplement), Vol. 36.

[8] Barth, M. E. , Beaver W. H. and W. R. Landsman, 1998: Relative Valuation Roles of Equity Book Value and Net Income as a Function of Financial Health, Journal of Accounting and Economics, Vol. 25, No. 1.

[9] Barth, M. E. , W. H. Beaver and W. R. Landsman, 1996: Value-Relevance of Banks' Fair Value Disclosures under SFAS 107, The Accounting Review, Vol. 71, No. 4.

[10] Barth, Mary E. , Landsman, Wayne R. and Rendleman Jr. , Richard J. , 2000: Implementation of an Option Pricing-Based Bond Valuation Model for Corporate Debt and Its Components, Accounting Horizons, Vol. 14, No. 4.

[11] Barth. M. E. , 1994: Fair Value Accounting, Evidence from Investment Securities and the Market Value of Banks, The Accounting Review, Vol. 69, No. 1.

[12] Beaver W. H. and Landsman W. R. , 1983: Incremental Information Content of Statement No. 33 Disclosures, FASB, Stamford, Connecticut.

[13] Beaver W. H. and Ryan S. G. , 1985: How Well Do Statement No. 33 Earnings Explain Stock Returns? Financial Analysts Journal, Vol. 41, No. 5.

[14] Beaver, William H. , McNichols, Maureen F. and Nelson,

Karen K. , 2003: Management of the Loss Reserve Accrual and the Distribution of Earnings in the Property-casualty Insurance Industry, Journal of Accounting & Economics, Vol. 35, No. 3.

[15] Bebchuk S. , 2001: Stock Pyramids, Cross-ownership, and Dual Class Equity, The Creation and Agency Costs of Separating Control from Cash Flow Rights, National Bureau of Economic Research, Cambridge, Vol. 30, No. 5.

[16] Bebchuk, L. A. and J. M. Fried, 2003: Executive Compensation as An Agency Problem, The Journal of Economic Perspectives, Vol. 17, No. 3.

[17] Bernard V. L. and Ruland R. G. , 1987: The Incremental Information Content of Historical Cost and Current Cost Income Numbers: Time-Series Analyses for 1962 - 1980, The Accounting Review, Vol. 62, No. 4.

[18] Biddle, G. C. , Bowen, R. M. and Wallace, J. S. , 1997: Does EVA Beat Earnings? Evidence on Associations with Stock Returns and Firm Values, Journal of Accounting & Economics, Vol. 24, No. 3.

[19] Billy S. Soo and Lisa Gilbert Soo, 1994: Accounting for the Multinational Firm: Is the Translation Process Valued by the Stock Market? The Accounting Review, Vol. 69, No. 4.

[20] Bolton Gary E. and Axel Ockenfels, 2000: ERC: A Theory of Equity, Reciprocity, and Competition, The American Economic Review, Vol. 90, No. 1.

[21] Brown P. , 1999: Earnings Management, A Subtle (and troublesome) Twist to Earnings Quality, Journal of Financial Statement Analysis, Vol. 4, No. 2.

[22] Bublitz B. , Frecka, T. J. and McKeown J. C. , 1985: Market Association Tests and FASB Statement No. 33 Disclosures: A

Reexamination/Discussion, Journal of Accounting Research, Vol. 23, No. 3.

[23] Burgstahler, David and Dichev, Ilia, 1997: Earnings Management to Avoid Earnings Decreases and Losses, Journal of Accounting and Economics, Vol. 24, No. 1.

[24] Bushee, B., 1999: The Influence of Institutional Investors on Myopic R&D Investment Behavior, The Accounting Review, Vol. 73, No. 3.

[25] Chen J. P. C., Chen S. and X. Su, 2001: Is Accounting Information Value-relevant in the Emerging Chinese Stock Market? Journal of international Accounting, Auditing & Taxation, Vol. 10, No. 1.

[26] Chen Shimin and Yuetang Wang, 2004: Evidence from China on the Value Relevance of Operating Income vs. Below-the-line Items, The International Journal of Accounting, Vol. 39, No. 4.

[27] Chen, Kevin C. W. and Yuan, Hongqi., 2004: Earnings Management and Capital Resource Allocation: Evidence from China's Accounting-Based Regulation of Rights Issues, Accounting Review, Vol. 79, No. 3.

[28] Cheng C. S. A. and Cheung, J. K., 1993: On the Usefulness of Operating Income, Net Income and Comprehensive Income in Explaining Security Returns, Accounting and Business Research, Vol. 23, No. 91.

[29] Chung, Kwang-Hyun, Jacob, Rudolph A. and Tang, Ya B., 2003: Earnings Management by Firms Announcing Earnings after SEC Filing, International Advances in Economic Research, Vol. 9, No. 2.

[30] Collins D., Kothari S., Shanken J. and Sloan R., 1994: Lack of Timeliness versus Noise as Explanations for Low Contemporaneous Return-Earnings Association, Journal of Accounting & Economics,

Vol. 18, No. 3.

[31] Collins, Daniel W., 1989: An Analysis of Intertemporal and Cross-sectional Determinants of Earnings Response Coefficients, Journal of Accounting and Economics, Vol. 11, No. 2/3.

[32] Collins, Daniel W., Maydew, Edward L. and Weiss, Ira S., 1997: Changes in the Value-Relevance of Earnings and Book Values over the Past Forty Years, Journal of Accounting and Economics, Vol. 24, No. 1.

[33] Collins, D. W. and W. K. Salatka, 1993: Noisy Accounting Earnings Signals and Earnings Response Coefficients: The Case of Foreign Currency Accounting, Contemporary Accounting Research, Vol. 10, No. 1.

[34] Conyon, M. J. and S. I. Peck, 1997: Board Control, Remuneration Committees, and Top Management Compensation, The Academy of Management Journal, Vol. 41, No. 2.

[35] Dechow, P., R. Sloan and A. Sweeney, 1996: Causes and Consequences of Earnings Manipulation; An Analysis of Firms Subject to Enforcement Actions by the SEC, Contemporary Accounting Research, Vol. 13, No. 1.

[36] Jeffrey J. Q., David O. B., and William E. W., 1999: The Corroborative Relation between Earnings and Cash Flows, Quarterly Journal of Business and Economics, Vol. 38, No. 2.

[37] Defond M. L. and Jiambalvo J., 1994: Debt Covenant Effects and the Manipulation of Accruals, Journal of Accounting and Economics, Vol. 17, No. 1.

[38] Degeorge, F., J. Patel and R. Zeckhauser, 1999: Earnings Management to Exceed Thresholds, Journal of Business, Vol. 72, No. 1.

[39] Dhaliwal D., Subramanyam K. R. and R. Trezevant, 1999: Is

Comprehensive Income Superior to Net Income as A Measure of Firm Performance? Journal of Accounting and Economics, Vol. 26, No. 1 - 3.

[40] Easton P., P. Shroff and G. Taylor, 2000: Permanent and Transitory Earnings, Accounting Recording Lag, and the Earnings Coefficient, Review of Accounting Studies, Vol. 5, No. 4.

[41] Easton, Peter D. and Zmijewski, Mark E., 1989: Cross-sectional Variation in the Stock Market Response to Accounting Earnings Announcements, Journal of Accounting & Economics, Vol. 11, No. 2/3.

[42] Eccher, Elizabeth A., Ramesh, K. and Thiagarajan, S. Ramu., 1996: Fair Value Disclosures by Bank Holding Companies, Journal of Accounting & Economics, Vol. 22, No. 1 - 3.

[43] Elliott J. Hanna J. D. R., 1996: Repeated Accounting Writen-offs and Information Content of Earnings, Journal of Accounting Research, Vol. 34, No. 4.

[44] Ely, Kirsten and Waymire, Gregory, 1999: Accounting Standard-Setting Organizations and Earnings Relevance: Longitudinal Evidence From NYSE Common Stocks, 1927 - 93, Journal of Accounting Research, Vol. 37, No. 2.

[45] Ertimur Y., J. Livnat and M. Martikainen, 2003: Differential Market Reactions to Revenue and Expense Surprises, Review of Accounting Studies, Vol. 8, No. 2/3.

[46] Fama, Eugene F. and Jensen, Michael C., 1983: Separation of Ownership and Control, Journal of Law & Economics, Vol. 26, No. 2.

[47] Fama, Eugene F., 1990: Stock Returns, Expected Returns, and Real Activity, Journal of Finance, Vol. 45, No. 4.

[48] Fan, J. P. H. and Wong, T. J., 2002: Corporate Ownership Structure and the Informativeness of Accounting Earnings in East Asia, Journal of Accounting and Economics, Vol. 33, No. 3.

[49] FASB, 1997: Statement of Financial Accounting Standards No 130: Reporting Comprehensive Income, www. fasb. org.

[50] FASB, 2000: SFAC No. 7: Using Cash Flow Information and Present Value in Accounting Measurements.

[51] Fazzari, S. M., Hubbard, R. G. and Petersen, B. C., 1988: Financing Constraints and Corporate Investment, Brooking Papers on Economic Activity, No. 1.

[52] Feltham G. A. and J. A. Ohlson, 1995: Valuation and Clean Surplus Accounting for Operating and Financial Activities, Contemporary Accounting Research, Vol. 11, No. 2.

[53] Francis, Jennifer and Schipper, Katherine, 1999: Have Financial Statements Lost Their Relevance? Journal of Accounting Research, Vol. 37, No. 2.

[54] Freeman R. N., 1986: Discussion of the Information Contained in the Components of Earnings, Journal of Accounting Research, Vol. 24.

[55] French, K. R. and Poterba, J. M., 1991: Were Japanese Stock Prices Too High? Journal of Financial Economics, Vol. 29, No. 2.

[56] Gary Biddle and Jong-Hag Choi, 2001: Is Comprehensive Income Irrelevant? Columbia Business School Burton Workshop.

[57] Greene, Jason and Smart, Scott., 1999: Liquidity Provision and Noise Trading: Evidence from the "Investment Dartboard" Column, Journal of Finance, Vol. 54, No. 5.

[58] Gugler, Klaus, Mueller, Dennis C. and Burcin Yurtoglu, B., 2003: The Impact of Corporate Governance on Investment Returns in Developed and Developing Countries, Economic Journal, Vol. 113, No. 491.

[59] Hayn, Carla, 1995: The Information Content of Losses,

Journal of Accounting & Economics, Vol. 20, No. 2.

[60] Healy, P. M. , 1985: The Effect of Bonus Schemes on Accounting Decisions, Journal of Accounting and Economics, Vol. 7, No. 1/2/3.

[61] Healy, P. M. and Wahlen, J. M. , 1999: A Review of the Earnings Management Literature and Its Implications for Standard Setting, Accounting Horizon, Vol. 13, No. 4.

[62] Hermalin, Benjamin E. and Wallace, Nancy E. , 2001: Firm Performance and Executive Compensation in the Savings and Loan Industry, Journal of Financial Economics, Vol. 61, No. 1.

[63] Hirst, D. Eric and Hopkins, Patrick E. , 1998 Supplement: Comprehensive Income Reporting and Analysts' Valuation Judgments, Journal of Accounting Research, Vol. 36, No. 3.

[64] Holthausen, Robert W. , Larcker, David F. and Sloan, Richard G. , 1995: Annual Bonus Schemes and the Manipulation of Earnings, Journal of Accounting & Economics, Vol. 19, No. 1.

[65] Holthausen, Robert W. and Watts, Ross L. , 2001: The Relevance of the Value-relevance Literature for Financial Accounting Standard Setting, Journal of Accounting & Economics, Vol. 31, No. 1 – 3.

[66] Hubbard, R. G. , 1998: Capital-Market Imperfections and Investment, Journal of Economic Literature, Vol. 36, No. 1.

[67] Jacobson, Robert and Aaker, David, 1993: Myopic Management Behavior with Efficient, but Imperfect, Financial Markets, Journal of Accounting & Economics, Vol. 16, No. 4.

[68] Jaggi, Bikki and Gul Ferdinand, 1999: An Analysis of Joint Effects of Investment Opportunity Set, Free Cash Flows and Size on Corporate Debt Policy, A. Review of Quantitative Finance & Accounting, Vol. 12, No. 4.

[69] Jensen Michael C. and Meckling, William H., 1976: Theory of the Firm: Managerial Behavior, Agency Costs and Ownership Structure, Journal of Financial Economics, Vol. 73, No. 3.

[70] Jensen Michael C., 1986: Agency Costs of Free-cash-flow, Corporate Finance, and Takeovers, American Economic Review, Vol. 76, No. 4.

[71] Jiambalvo J., 1996: Discussion of "Causes and Consequences of Earnings Manipulation: An Analysis of Firms Subject to Enforcement Actions by the SEC", Contemporary Accounting Research, Vol. 13, No. 1.

[72] Kanagaretnam, K., Mathieu, R. and Shehata, M., 2009: Usefulness of Comprehensive Income Reporting in Canada: Evidence from Adoption of SFAS130, Vol. 28, No. 4.

[73] Kasznik, R., 1999: On the Association between Voluntary Disclosure and Earnings Management. Journal of Accounting Research, Vol. 37, No. 1.

[74] Katherine Schipper, 1989: Commentary on Earnings Management, Accounting Horizons, Vol. 3, No. 4.

[75] Khurana, I. K. and M. S. Kim, 2003: Relative Value Relevance of Historical Cost vs. Fair Value: Evidence from Bank Holding Companies, Journal of Accounting and Public Policy, Vol. 22, No. 1.

[76] Kormendi Roger and Lipe Robert, 1987: Earnings Innovations, Earnings Persistence, and Stock Returns, Journal of Business, Vol. 60, No. 3.

[77] Kothan S. P., 1992: Price-earnings Regressions in the Presence of Prices Leading Earnings: Earnings Level vs. Change Specifications and Alternative Deflators, Journal of Accounting and Economics, Vol. 15, No. 2/3.

[78] Kothari S. P. and Zimmerman J. L., 1995: Price and Re-

turm Models, Journal of Accounting and Economics, Vol. 20, No. 2.

[79] Leone, Marie, 2008: Bankers, Fair Value Is Like Throwing Gaso line on a Fire, http://www. cfo. com/article. cfm /1103 9958, 2008 /04 /14.

[80] Lev, Baruch., 1989: On the Usefulness of Earnings and Earnings Research: Lessons and Directions from Two Decades of Empirical Research, Journal of Accounting Research, Vol. 27, No. 3.

[81] Lev, Baruch. and Zarowin, Paul, 1999: The Boundaries of Financial Reporting and How to Extend Them, Journal of Accounting Research, Vol. 37, No. 2.

[82] Lipe R. C., 1986: The Information Contained in the Components of Earnings, Journal of Accounting Research, Vol. 24.

[83] Loughran. T. and J. Ritter, 1995: The New Issues Puzzle, Journal of Finance, Vol. 50, No. 1.

[84] Louis, H., 2004: Earnings Management and the Market Performance of Acquiring Firms, Journal of Financial Economics, Vol. 74, No. 1.

[85] Lys, Thomos, 1996: Abandoning the Transactions-based Accounting Model: Weighing the Evidence, Journal of Accounting and Economics, Vol. 22, No. 1 – 3.

[86] Maydew, Gary L., 1993: Selected Issues in Farm Taxation, National Public Accountant, Vol. 38, No. 12.

[87] Mikkelson X., 1981: Convertible Calls and Security Returns, Journal of Financial Economics, Vol. 67, No. 9.

[88] Miller, Paul B. W. and Paul R. Bahnson, 2004: Value-based Accounting, Accounting Today, Vol. 18, No. 5.

[89] Ming-Shiun Pan, 2007: Permanent and Transitory Components of Earnings, Dividends, and Stock Prices, Quarterly Review of Economics and Finance, Vol. 47, No. 4.

[90] Moonitz, Maurice, 1965: General v. Specific Price Changes: A Note, Journal of Accounting Research, Vol. 3, No. 2.

[91] Morck R., Shleifer, A. and Vishny R., 1988: Management Ownership and Market Valuation: An Empirical Analysis, Journal of Financial Economics, Vol. 20, No. 1/2.

[92] Murdoch B., 1986: The Information Content of FAS 33 Returns on Equity, The Accounting Review, Vol. 61, No. 2.

[93] Myers L. A. and Skinner, D. J., 1999: Earnings Momentum and Earnings Management, Working Papers, University of Michigan Business School.

[94] Myers S. C., 1977: Determinants of Corporate Borrowing, Journal of Financial Economics, Vol. 5, No. 2.

[95] Myers S. C. and N. S. Majluf, 1984: Corporate Financing and Investment Decisions When Firms Have Information that Investors Do Not Have, Journal of Financial Economics, Vol. 13, No. 2.

[96] Narayanan B., 1988: Debt vs Equity under Asymmetric Information, Journal of Financial and Quantitative Analysis, Vol. 23, No. 3.

[97] Nelson K. K., 1996: Fair Value Accounting for Commercial Banks: All Empirical Analysis of SFAS No. 107, Accounting Review, Vol. 71, No. 2.

[98] Ohlson, J. A., 1995: Earnings, Book Values, and Dividends in Equity Valuation, Contemporary Accounting Research, Vol. 11, No. 2.

[99] Ohlson J. A., 1999: Discussion of "An Analysis of Historical and Future-Oriented Information in Accounting-Based Security Valuation Models", Contemporary Accounting Research, Vol. 16, No. 2.

[100] Ohlson J. A., 2001: Earnings, Book Values and Dividends in Equity Valuation: An Empirical Perspective, Contemporary

Accounting Research, Vol. 18, No. 1.

[101] Osano, H., 1996: Intercorporate Shareholdings and Corporate Control in the Japanese Firm, Journal of Banking and Finance, Vol. 20, No. 6.

[102] Park, M. S. and Taewoo Park, 2004: Insider Sales and Eearnings Management, Journal of Accounting and Public Policy, Vol. 23, No. 5.

[103] Paul M. Healy and Wahlen, James M., 1999: A Review of the Earnings Management Literature and Its Implications for Standard Setting, Accounting Horizons, Vol. 13, No. 4.

[104] Petroni, Kathy Ruby and Wahlen, James Michael, 1995: Fair Values of Equity and Debt Securities and Share Prices of Property-Liability Insurers, The Journal of Risk and Insurance, Vol. 62, No. 4.

[105] Ram T. S. Ramakrishnan and Jacob K. Thomas, 1998: Valuation of Permanent, Transitory, and Price-Irrelevant Components of Reported Earnings, Journal of Accounting, Auditing and Finance, Vol. 13, No. 3.

[106] Rangan, S., 1998: Earnings Management and the Performance of Seasoned Equity Offerings, Journal of Financial Economics, Vol. 50, No. 3.

[107] Richard M., 2005: Earnings Management, Surplus Free Cash Flow, and External Monitoring, Journal of Business Research, Vol. 58, No. 7.

[108] Richardson S. A., Sloan R. G., Soliman, M. T., and I. Tuna, 2005: Accrual Reliability, Earnings Persistence and Stock Prices, Journal of Accounting and Economics, Vol. 39, No. 3.

[109] Richardson S., 2006: Over-Investment of Free Cash Flow, Review of Accounting Studies, Vol. 11, No. 2/3.

[110] S. P. Kothari and Jerold L. Zimmerman, 1995: Price and

Return Models, Journal of Accounting and Economics, Vol. 20, No. 2.

[111] Schipper K., 1989: Commentary on Earnings Management, Accounting Horizons, Vol. 3, No. 4.

[112] Schipper K. and Vincent L., 2003: Earnings Quality, Accounting Horizons, Supplement, Vol. 17.

[113] Schwert, G. William, 1990: Stock Returns and Real Activity: A Century of Evidence, Journal of Finance, Vol. 45, No. 4.

[114] Shleifer R. and Vishny T., 1997: A Survey of Corporate Governance, Journal of Finance, Vol. 52, No. 4.

[115] Sloan R. G., 1996: Do Stock Prices Fully Reflect Information in Accruals and Cash Flows about Future Earnings, The Accounting Review, Vol. 71, No. 3.

[116] Strong J. S. and J. R. Meyer, 1990: Sustaining Investment, Discretionary Investment, and Valuation: A residual Funds Study of the Paper Industry, University of Chicago Press.

[117] Stulz R. M., 1990: Managerial Discretion and Optimal Financing Policies, Journal of Financial Economics, Vol. 26, No. 1.

[118] Swaminathan S. and J. Weintrop, 1991: The Information Content of Earnings, Revenues and Expenses, Journal of Accounting Research, Vol. 29, No. 2.

[119] Teoh, S. H. T., Welch I. and T. J. Wong, 1998: Earnings Management and the Underperformance of Seasoned Equity Offerings, Journal of Financial Economics, Vol. 50, No. 1.

[120] Trueman B. and Titman S., 1989: An Explanation for Accounting Income Smoothing, Journal of Accounting Research, Vol. 26.

[121] Warfield, Terry D. and Wild, John J., 1992: Accounting Recognition and the Relevance of Earnings as An Explanatory Variable for Returns, Accounting Review, Vol. 67, No. 4.

[122] Watts, R. L. and Zimmerman, J. L., 1986: Positive Ac-

counting Theory, Englewood Cliffs, Prentice Hall.

[123] Watts, R. L. and Zimmerman, J. L., 1990: Positive Accounting Theory: A Ten Year Perspective, Accounting Review, Vol. 65, No. 1.

[124] Zeff, Stephen, 1999: Sitting on the Fence, Accountancy, Vol. 124, No. 1271.

[125] Zeff, Stephen A., 2005: The Evolution of U. S. GAAP: The Political Forces Behind Professional Standards, CPA Journal, Vol. 75 No. 2.

后　记

本书是以我的博士学位论文为基础修改而成的。在我国，上市公司进行股票投资是个错综复杂的现象，适逢2006年“企业会计准则”发布、综合收益概念引入，我在博士学习阶段对这一领域进行了初步的学习探索。

本书得以成稿，首先感谢我可亲可敬的导师冯淑萍教授。恩师公务繁忙，但对学生的指导都是亲历亲为，耐心地引导学生提升研究能力。我的论文从选题、拟定提纲、初稿修改到最终定稿，每一环节都凝聚着恩师的心血。冯老师思路敏捷、眼界开阔、洞察力敏锐、分析问题高屋建瓴，总能指点我于迷津之中。老师一丝不苟精益求精的工作作风、认真严谨的治学态度、博大宽广的胸襟、乐观宽容的处事态度，耳濡目染中让我受益终身。恩师更像慈母，学生的悲喜忧伤都牵动着她的心。在我论文写作阶段，承受丧母之痛、学业和生活种种压力而无比艰难困顿的时候，老师在办公室与我促膝长谈，鼓励我走出丧母之痛，积极面对人生。窗外虽是秋雾连绵阴冷，而我内心却像被冬日阳光照射般明亮、温暖。在我成功挑战自己，完成学业、工作渐有起色、寻回快乐心态的时候，老师露出了欣慰的笑容。师恩似海，无以回报，唯有在今后的工作学习中更加勤勉努力。导师的恩情永远铭记于心底！

感谢中国人民大学会计系的荆新教授、戴德明教授、耿建新教授、徐经长教授、朱小平教授、徐泓教授及各位老师对我的指导和帮助！财政部财政科学研究所王世定教授、中央财经大学祁怀锦教授、首都经贸大学马元驹教授对本书提出了很多建设性的意见，在此一并表示感谢！

感谢国家自然科学基金委员会财务局的郑仲文局长、郝观玮副局长给予的支持。感谢国家自然科学基金委员会人事局唐隆华处长，在我读博、撰写论文期间给予的关心、鼓励和帮助！

本书写作中与师妹郑路航、谢莉莉一路携手走来，受到万寿琼、王晨明师姐的鼓励，得到陈琼、王成方师弟的启迪与帮助，在此表示深深的谢意！感谢同门的师兄、师姐、师弟、师妹们，以及我的同窗同学，与你们的交流使我获益颇多。

最后感谢我的家人。含辛茹苦、日渐苍老的老父亲每日照顾我的饮食，而我整日忙于工作和学业，疏于对他的照顾，焉得谖草，言树之背，养育之恩，无以回报。感谢我的姐姐、姐夫们，你们无微不至的关爱永远是我前行的动力。

当年母亲骄傲而欣喜地看我踏上攻读博士的求学之路，承揽所有家务精心照料我，敦促我在工作之余抓紧学业，在她重病期间甚至还为影响我的学业而满怀歉意。在我完成拙作时，母亲却再也看不到了。子欲养而亲不在，这是人生莫大的遗憾和悲哀。希望有来世，我再做母亲的女儿，弥补今生的缺憾！

由于才疏学浅，书中可能存在错误或不完善的地方，内容上还存在很大的充实提升的空间，这也将成为我今后继续努力的一个方向。

王　琨

2013 年 7 月